COLLECTION FOLIO

Eugène Ébodé

La transmission

Postface inédite de l'auteur

Gallimard

Cet ouvrage a précédemment paru
dans la collection Continents Noirs,
aux Éditions Gallimard.

Eugène Ébodé est né en 1962 à Douala. En 1982, il quitte le Cameroun pour la France où il obtient plusieurs diplômes : celui de l'Institut d'études politiques, un DESS de communication, un Master 2 en politiques publiques et un doctorat en littérature française et comparée. Titulaire du CAPES de documentation, il est actuellement professeur documentaliste au lycée André-Chamson au Vigan (Cévennes). Il est aussi chroniqueur littéraire au *Courrier de Genève*, et l'auteur de remarquables romans, dont *La rose dans le bus jaune*, *Silikani* (prix Ève-Delacroix de l'Académie française 2007), *Madame l'Afrique* (prix Yambo-Ouologuem 2012) et *Souveraine Magnifique* (Grand Prix littéraire d'Afrique noire 2014 et prix Jeand'Heurs 2015).

À Pierre Soulat,
traceur d'avenir et passeur de rêves.

Ah ! Vous lui avez tout pris, messieurs les Blancs, à ce pauvre mulâtre ; vous lui avez pris sa considération, et il n'a rien dit ; vous lui eussiez pris sa vie, qu'il n'eût rien dit encore ; mais vous voulez lui prendre son fils ; vous voulez lui prendre son enfant pour l'emprisonner, pour le torturer, pour lui trancher la tête ! Oh, venez, messieurs les Blancs, et nous allons voir ! Nous avons cinquante ans de haine entre nous ; venez, venez, il est temps que nous fassions nos comptes.

Alexandre DUMAS, *Georges*

CHAPITRE I

Ultime causerie

Que celui qui pourra me dire ce que j'aurais dû faire lorsque mon père me communiqua ses dernières volontés se manifeste d'urgence !

J'avais seize ans à la mort de Karl Kiribanga Ébodé, et il me reste de cet instant le souvenir d'une parole hachée mais déterminée à marquer ma conscience. Il avait hésité à se livrer, et ce ne fut qu'à l'extrême limite de ses forces qu'il consentit à m'appeler dans la chambre obscure où se consumaient ses dernières résistances. Aujourd'hui encore, j'ai le sentiment que Karl Ébodé eût préféré une mort solitaire, semblable à celle des éléphants qui, au moment où leur fin se rapproche, décident d'aller mourir loin des regards apitoyés de leurs semblables. À peine avais-je pris place sur un tabouret qu'il m'apostropha en ces termes :

« À ton âge, exactement à l'âge que tu as, nous, nous avions décidé de congédier un vieux monde… »

Cette phrase m'est souvent revenue depuis, et,

avec elle, les dernières images que je conserve de mon père, de celui que ses amis avaient surnommé le « Patrouillard ». Pourquoi l'avaient-ils appelé ainsi ?

Sitoé, Aline Sitoé, je te confierai tout, mais je demande un peu de patience !

Notre entretien fut entrecoupé de silences, de hoquets et de grimaces que la douleur arrachait au mourant. Le masque de raideur qu'il arborait me laissait deviner l'irrémédiable. Mais je me refusais à y croire, priant en secret pour qu'un miracle s'accomplît.

Je me revois, pris de panique, essayant néanmoins de lui parler comme pour tenter de l'extirper des griffes de la mort. Mes frères, mes sœurs et ma mère étaient au village. « Parle, retiens son attention, parle ! » m'ordonnait une voix intérieure. Je ne parvenais cependant pas à lui obéir. J'avais dû constater que mes pensées, mes phrases elles-mêmes, à peine imaginées, s'éteignaient sur le rebord de mes lèvres. Le désir de vie illuminait le regard paternel à mesure qu'il tentait de me résumer son existence et de me transmettre son ultime message. Il paraissait s'arc-bouter derrière les mots comme s'ils représentaient une armure inviolable. Parfois, je tentais de me convaincre, en recevant ses paroles, qu'elles pouvaient regonfler ses forces, à l'instar de la batterie usée d'une voiture qui ne se recharge que lorsque le moteur tourne. Et je suivais le mouvement de sa bouche entrouverte. Et je guettais les rondeurs que décrivait habituellement sa langue autour de ses lèvres, pour y accrocher mes espoirs et me persuader qu'une petite étincelle de vie le reliait encore à notre monde.

« Alors… »

C'est bien ainsi qu'il avait l'habitude de commencer ses phrases. Puis s'interrompant, comme s'il avait deviné mes pensées, il dit :

« Alors, c'est fini ! Je le sais. Il faut s'en convaincre, fils. »

Il lâcha, avec une résignation toute feinte, une citation de Shakespeare qu'il affectionnait et utilisait parfois à tout bout de champ :

« Il y a bien quelque chose de pourri dans mon corps, comme dans le royaume de Danemark… Mais tu dois savoir… »

Nous étions seuls, ce jour funeste. Il faisait chaud. La maison était calme, d'un calme inquiétant. Son ami, Thimoté Ichar, nous avait rejoints un peu avant midi. L'inquiétude qui le dévorait était si visible que mon père ne put lui-même souffrir davantage le visage défait de son compère. Il voulait me parler sans témoins. Il fit signe à son ami de nous laisser en tête à tête :

« Ichar, je veux parler au petit. Je t'appellerai après. »

Ichar avait obtempéré et sa silhouette s'éloigna bientôt vers la cour carrée de la concession. Son crâne lisse, recouvert de sueur, luisait sous le soleil. Père me dit :

« Alors, Eugène, le bien nommé, il faudra être à la hauteur de la situation. Ce que tu vas entendre n'est pas une confession. Si j'avais voulu me confesser, j'aurais réclamé l'abbé Alphonse à mes côtés. Mais celui-là a autant, sinon plus, de fautes à avouer à son patron que moi. Si Magrita, ta mère, m'entendait… »

Maman se trouvait à Mitouba auprès de ses parents qui étaient, eux aussi, très mal en point. N'aurait-elle pas dû demeurer aux côtés de son mari ? Mon père me dit avec agacement :

« Même si je pense que les vieilles barbes qui la retiennent ne mourront pas de sitôt, elle a eu raison d'aller là-bas. Je déteste les pleurnicheries. Si elle avait été à ta place, personne n'aurait été capable de dire pour qui ses larmes étaient en train de couler.

Au loin, j'entendis le bruit d'un ballon qui rebondissait sur le chemin du stade. Je reconnus la voix de basse de mon ami Bonato. Puis celle d'Aliou Moussa, de Koum et d'autres. « Ils vont jouer, eux ! » pensai-je.

Mon père s'était tourné vers moi. Avait-il deviné ?… Oui.

« La vie continue, dit-il en s'efforçant de sourire. Le ballon doit aussi continuer de rebondir… »

La honte m'envahit. Je transpirais. Je passai une main sur mon front. Elle était trempée. Mon père n'ignorait rien de mon amour pour le foot. Il avait lui aussi pratiqué ce sport, et, à ce sujet, il me comprenait. Cela exaspérait ma mère qui se désolait de cette passion. Le jugement de mon père se manifestait donc avec davantage de modération, et une certaine complicité nous unissait, celle que tissent les émotions partagées.

La voix du mourant me tira de mes rêvasseries :

« Quand je vois les plis de fainéantise dans lesquels vous vous drapez, je me dis qu'il y a vraiment quelque chose de pourri dans le royaume de Danemark... À ton âge, exactement à l'âge que tu as, nous, nous avions décidé de congédier un vieux monde... Nous, mes amis et moi... qui avions abandonné la moiteur de nos villages. Rien n'y retenait plus notre attention. C'est comme lorsque tu as sucé une mangue et qu'il ne te reste plus qu'un noyau dans la main. Alors, il faut s'en débarrasser ! La résignation est un assommoir et la solitude une agonie avant le désastre. Ne l'attends pas. Ne sois jamais seul. Tu as compris ?

— Oui, Pa..., fis-je.

— J'ai eu la chance d'avoir de vrais amis : Ichar, Syracuse, Bakio, Kamga. Ils m'ont permis d'agir, de me rendre utile. De servir le Pays des Crevettes. Eugène, j'espère qu'un jour tu réuniras ces hommes-là. J'espère qu'ils te parleront de notre jeunesse. Rassemble-les ! Tu le promets ? »

Je répondis machinalement :

« Oui, Pa.

— Ne mène rien en solitaire, même si ta construction personnelle doit l'être. Tu vois, l'unique proverbe que j'ai apprécié, parmi ceux qu'adore vomir ta mère, est celui-ci : *"Osoé ongawulu nkot, amu oungawulu etam."* Oui, la rivière n'a pas su éviter les sinuosités parce qu'elle a suivi son cours toute seule. Nous, nous étions unis, mes compagnons et moi. Nous avions l'esprit de turbulence, nous étions audacieux. Votre génération ne rêve que de facilité. Allez donc vous frotter aux autres mondes si le vôtre n'offre plus aucun attrait. Mais je ne vois même pas poindre cette résolution-là. Comment pourrais-je mourir en paix dans une merde pareille ? Vous êtes posés là, comme des œufs qu'une poule a pondus et qui ne bougent pas, qui attendent qu'on les couve indéfiniment, qu'on les préserve de tout danger, et qui plus tard, devenus poussins, réclament qu'on leur ouvre le bec, qu'on leur mâchouille la pitance… Mais personne n'ira chier à votre place… »

Il marqua un arrêt avant d'avouer :

« Alors, c'est vrai, j'ai aussi cherché la flamme dans la femme… »

Il ferma les yeux, revint à des considérations plus nobles :

« Zak, ton grand-père, m'a aussi parlé, juste avant de mourir. Je ne te l'avais encore jamais dit… Alors, j'ai su qu'il tenait à l'ancienne chefferie du village, construite en 1912 par les Allemands, et, plus précisément, par un certain Karl Ebermaier, le dernier gouverneur allemand au Pays des Crevettes. Lui dont je tiens le prénom. J'ai donc passé mon enfance dans une sorte de palais qu'un incendie a partiellement abîmé. Hein, qu'il avait plus de caractère que cette maison au toit de tôle qui laisse passer une chaleur à crever ? Mais il tombait en ruine, à la mort de Zak. Alors, il a voulu que nous le sauvions de la destruction. Tu l'as vue, cette habitation faisait partie des imposants édifices qui, avec les bâtiments de la mission catholique, l'église, le couvent et le pont sur la Lékié, avaient assuré la réputation de notre village. Toutes ces constructions dataient de l'époque de la domination allemande. À leur arrivée au Pays des Crevettes, les Allemands ont d'abord paru très respectueux de notre culture. Ils étaient disciplinés et travailleurs. Ils ont construit le chemin de fer, les routes, les palais… Puis, sans qu'on sache quelle mouche les avait piqués, ils ont supprimé le Tso, le plus important de tous nos rites. Ils nous ont ensuite imposé des chefs qui n'avaient aucune légitimité, sauf celle de servir leurs vues. Ils ont installé Charles Atangana au pouvoir et lui ont fabriqué de toutes pièces la stature de chef des Beti qui leur convenait. Les Omgba Bissogo, Mbida Mengué, Simekoa et quelques autres s'étaient élevés contre cette usurpation, mais ils n'ont pu arrêter la main assassine. Quand j'étais petit, j'ai entendu des gens s'en plaindre et prétendre que le cycle de l'"Amala", le désastre, avait commencé. Alors… je n'ai prêté aucune attention aux tardives jérémiades de Zak. Oui, ton grand-père n'a pas su me convaincre de l'utilité de sauver son palais. Ai-je eu tort ? Ai-je eu raison ? À toi de juger…

Je ne voulais pas lever le petit doigt pour redonner aux murs en briques rouges de la chefferie leur semblant d'éclat. Reconstruire la chefferie, c'était faire renaître le souvenir des Allemands ! Enfin, quoi ! Devions-nous passer notre temps à regretter les puissants d'hier ? Je te recommande de ne jamais désirer que ce qui te rend libre. L'imposante chefferie et le pont que ces mêmes Allemands avaient construits au village faisaient partie d'un monde à abattre. Voilà pourquoi je n'ai pas contribué à la reconstruction des reliques des anciens maîtres. Si mon père avait réellement été attaché à ces vieilleries, alors il lui appartenait de les sauver. Je n'avais pas non plus l'intention de me replier dans le rêve des splendeurs beti. Il y avait autre chose à faire dans l'univers qui était le nôtre. J'ai dit ce que je pensais à ton grand-père. Tu ne l'as pas connu… J'avais ton âge… Il a écouté mes critiques. Il m'a fait comprendre que mon tour viendrait de recevoir des reproches, un jour. Nous y sommes !… Cause ! Parle !… Mon erreur, c'est de n'avoir pas compris qu'on peut conserver un patrimoine sans forcément vénérer ceux qui l'ont bâti. Je te le dis comme je le pense !

« Après les Allemands, les Français sont venus. Ils nous ont appris la méthode mais nous y sommes réfractaires et nous n'avons été séduits que par le ronron de leurs discours et des chamailleries stériles qui viennent avec. Les Anglais, qui sont aussi passés par ici, nous ont laissé leur passion des redingotes. On crève pourtant de chaud, là-dedans ! À un moment, on a cru que les Français nous comprenaient, qu'ils étaient nos amis. Mais, après la guerre contre les Allemands, ils ont pensé qu'ils étaient les seuls à décider. Alors, on s'est dit qu'il fallait aussi se débarrasser de ces beaux parleurs-là. Quel qu'il soit, quelque méthode qu'il utilise, un dominateur veut toujours rester le maître de la situation. Et, pour nous, les maîtres d'hier étaient comme des manteaux râpés qui devaient être jetés à la poubelle. Tu me comprends, Eugène ?

— Oui, père », je mentis, trop absorbé par mes angoisses pour suivre le fil de sa pensée.

« Alors, je te supplie de réunir tous mes amis, si tu entreprends de réaliser ma dernière volonté. Nous étions soudés par l'envie de nous défaire de ce qui nous paraissait hors d'époque et hors d'usage. Faut se battre pour renverser la vapeur !... C'est pour cela que je te demande d'agir en mon nom : pour renverser la vapeur. As-tu des choses à me dire ? »

Comme je restais sans voix, il continua :

« Alors, alors... Ichar est-il encore là ? »

J'avais acquiescé d'un signe de tête, après avoir vérifié, à travers l'entrebâillement de la fenêtre, que Thimoté Ichar marchait toujours dans la cour. La tête de plus en plus enfoncée dans les épaules. Il était perdu en lui-même.

« Ichar m'est cher... Il est fidèle en amitié. Il te donnera le conseil approprié. J'ai en effet confiance en lui, même si la confiance n'est pas le sentiment qui doit dominer chez un être. Il faut la donner avec prudence et être prêt à la retirer dès la moindre défaillance de celui à qui on l'a confiée. Retiens de tout cela que le désir est à la base de tout. Si on le perd, la vie est achevée. En l'absence du désir, nous agissons petitement. C'est pourquoi on m'a donné le surnom de "Patrouillard".

« J'étais constamment en patrouille, toujours à l'affût, porté vers l'action. Eugène, tu es taciturne, tu aimes réprimer tes envies. Lorsque la sève du désir monte, ne la refoule pas trop ! Tu risquerais plus tard de nourrir d'inutiles regrets. Nous étions cinq… Kamga, le Bamiléké, Bakio, le Bafia, ancien séminariste, Ichar, le timide Boulou, et Syracuse, ce faux Blanc et ce vrai frère mordu par l'Afrique et attaché à elle comme un fer à un aimant. Il te racontera les débuts de notre amitié…

« Quand nous nous sommes rencontrés, nous étions tous des nouveaux venus à Douala. J'avais jusqu'alors vécu à la campagne, et très peu à Ongola, la capitale, qui en était tout proche. La campagne, c'est le visage de la mort qui te nargue. Et, mon petit, dit-il en baissant la voix, la vérité, c'est que je déteste les serpents !… Même Syracuse, mon frère blanc, ce Lomagnol qui a quitté sa petite commune de Lectoure pour venir transpirer ici, n'aimait pas les grandes villes. Mais il est tombé amoureux de Douala, de cet endroit où on ne pourrit que si on est une crevette : par la tête ! Que veux-tu faire de ta vie demain ?

— Jouer au foot…

— Alors, ton foot… vas-y ! Après tout, le ballon est rond comme la terre. Qui pousse le ballon, pousse peut-être la terre vers son but… Ah ! ce bruit… Donne-moi de l'eau et va fermer la gueule à ce chien qui n'arrête pas de se lamenter sous ma fenêtre. Si c'est ma mort qu'il annonce, je n'ai pas besoin qu'il me le crie si fort dans les oreilles. Il trouvera bien quelqu'un d'autre qui lui donnera des os à ronger. S'il est par contre en manque, qu'on lui trouve une chienne et qu'en la foutant il me foute aussi la paix ! »

J'avais quitté la chambre et, à coups de cailloux, expédié le bouledogue hors de la concession, sous le morne regard d'Ichar. Revenu auprès de mon père, j'entendis le claquement de sa langue annonçant la reprise de son récit :

« Alors, je voudrais encore te parler de Douala, ma ville ! J'ai cru comprendre que votre mère veut vous ramener au village après ma mort ? N'y va pas ! Le passé y est assommant et on t'y encombrera de mille vies défuntes alors qu'une seule est déjà si pénible à porter. Il y a quelques jours, j'ai encore entendu ta mère évoquer les glorieux lutteurs de son Mitouba natal. J'en ai connu moi aussi. C'étaient presque toujours les mêmes, chargés de réveiller le bourg de sa torpeur. On les poussait sur la place du petit marché ; on enduisait leur corps de graisse de poulet et ils devaient essayer de s'accrocher les uns aux autres et faire mordre la poussière au perdant. N'y parvenant pas avec les mains, ils utilisaient leurs dents. Et ils s'arrachaient la peau jusqu'au sang. Et ils buvaient celui de l'adversaire et ils ne crachaient pas les lambeaux de chair, ils les avalaient sous nos yeux. On se mordait à belles dents, les yeux sortant des orbites, enivrés par les applaudissements de la foule ; on entretenait aussi, à travers le choc des canines dans la chair de l'homme, ces vieilles pratiques anthropophages qui nous pourrissent le cerveau. C'était ça le village. Après la lutte, les houes s'alignaient devant le grenier du chef et un sorcier venait éructer ses incantations. Puis chacun allait s'abrutir d'alcool de manioc avant de grimper sa "chacune" le soir, et de ronfler jusqu'à faire trembler le toit du ciel. Voilà ce à quoi j'ai voulu échapper. À boire ! fils. Je veux sentir dans mon gosier la saveur de l'ultime goutte du condamné ! »

Je m'étais empressé de lui tendre une calebasse remplie d'eau fraîche.

« Pas ça, du vin ! Un dernier verre de vin avant la longue route ! Bien, grogna-t-il après avoir avalé une gorgée de vin rouge. Peux-tu nier, reprit-il avec une vigueur qui me surprit, que Magrita, ta mère, vous a surtout bourré le crâne avec ses conneries concernant les beautés du village ? Du sien en particulier. Je te revois gobant ses histoires avec les yeux ronds comme des papayes. Elle racontait, avec d'ailleurs beaucoup d'approximations que vous ne pouviez relever, les soirées autour du feu, les danses des marionnettes, les jeux dans la rivière, les rites initiatiques, la cueillette des cerises et des fruits sauvages, l'apprentissage de la vie de femme, l'art de nouer des tresses bien droites, de cuisiner les chenilles collectées sous les palmiers, de confectionner un vêtement pour la fête, de se fabriquer des chapeaux avec des feuilles de bananier et des fines lianes de la forêt. Et ses proverbes à la noix. Foutaises ! C'est ce qu'on mange ? La terre du village se durcit à vue d'œil et le garrot qui se resserre autour de ce monde-là va bientôt précipiter son effacement. Tu iras y mettre un peu de fantaisie… Je te dirai de quelle manière !…

« As-tu remarqué ce qui caractérise une ville ? Le mouvement ! As-tu vu ce qui vient des autres mondes et nous signale l'état de leurs pensées et leurs avancées ? N'as-tu pas été fasciné par leurs avions ? La technique de l'homme blanc, elle est son meilleur cavalier ! Tu n'as jamais été étonné par la quantité d'objets transportés par les paquebots ? Et tous ces câbles qui s'enfoncent dans le ventre de la terre et qui font circuler l'électricité ou la parole, ça ne t'a jamais émerveillé ? Si les Allemands ont marqué les esprits ici, c'est à cause de la machine : le chemin de fer… Prends conscience de ça. Essaie donc d'apposer ta griffe sur la chair de l'avenir ou crève… comme moi… »

Il dit encore :

« Au soir de cette vie, je regrette peu de choses. J'ai répudié des dogmes : le respect des anciens, la fascination pour les pratiques occultes, les prosternations devant le pouvoir et ses bavardages. J'ai été, tu le sais, conseiller municipal, ici. Mais je me suis retiré. Ta mère, qui n'a pas fréquenté les bancs d'une classe, ne pouvait pas comprendre mon état d'esprit. Mes amis et moi nous sommes battus pour donner de l'espoir et non pour confisquer le pouvoir. De plus, nous ne nous sommes pas contentés de singer les modes importées. Nous avons refoulé les colons et gagné notre liberté. Cela n'a pas été simple, car on cède vite à l'idée que la cuisine des autres est toujours la meilleure. Vous, les jeunes, vous n'êtes pas curieux de savoir ce que nous avons réalisé et les combats que nous avons livrés… Les pertes que nous avons subies… les erreurs dont nous nous sommes rendus coupables. »

Après une pause suivie de deux toussotements, il reprit :

« Alors, je n'ai pas offert la dot avant d'épouser ta mère. C'est le dernier poids qui encombre ma conscience. J'ai, là aussi, voulu congédier la coutume. J'ai choisi de conduire ma femme à la mairie de New-Bell. Je n'avais plus le temps ni le goût de m'embarrasser des pesanteurs de Mitouba, le village de ta mère. New-Bell avait été le quartier général de notre maquis. J'étais fier de ces lieux où nous avions tant risqué nos vies dans l'action clandestine. Qu'on ne te raconte donc pas de salades, ce n'est pas parce que j'étais désargenté que je ne me suis pas présenté au village avec les quatre chèvres, les quatre dames-jeannes de vin rouge, les quatre sacs de riz, les quatre sacs de morue séchée et les quatre boas boucanés que tes oncles, tantes et grands-parents attendaient. Voici, Eugène, les enveloppes que j'aurais dû leur donner. Je te les remets. Conserve aussi ce dictionnaire Larousse, mon complice, mon fournisseur de mots... »

Une quinte de toux l'avait interrompu. Quand elle cessa, il me tendit le dictionnaire, puis les enveloppes marron qu'il avait tirées d'une vieille malle :

« Avec cet argent, tu achèteras de la morue et des cadeaux. Ma belle-famille, en les recevant, éteindra sa vieille colère. N'oublie pas le boa boucané que ton grand-père adore ; tu lui en offriras quatre. Quant aux chèvres, ta grand-mère aime particulièrement celles qui viennent de chez Atedzoé, l'éleveur du village voisin de Mitouba. On te conduira chez lui sans difficulté. Eugène, j'ai aimé beaucoup de femmes, et elles me l'ont bien rendu, mais j'ai choisi ta mère. Ce que je veux que tu saches est la stricte vérité : en épousant une femme, je n'achetais pas une chose. N'écoute pas les mauvaises langues qui ont prétendu que Magrita s'était mal comportée, raison pour laquelle j'avais refusé de payer la dot. Non, ta mère ne m'a jamais trompé. Sa fidélité n'a jamais été en cause. Je ne l'accuse que d'une chose : d'avoir été trop respectueuse de son vieux monde. Je te l'ai dit, ton grand-père maternel résistera mieux que moi au mal qui l'attaque. Et puis, c'est un comédien... Je le soupçonne de réclamer ta mère à Mitouba pour le seul plaisir de me mettre en colère. Tant que ce type-là pourra simuler des malaises, juste pour éloigner de moi sa fille, il le fera avec cet art consommé de la rancune qui n'appartient qu'à lui.

— Pa…

— Silence !… C'est ici, à Douala, que je veux être enterré, au milieu des gens d'ici qui savent que tout est toujours à refaire. Paie la dot et répare mes torts. Fais-le avant la disparition de tes grands-parents. Entouré de tous mes amis. Tu échapperas ainsi à ce destin commun qui veut qu'un être doive son existence à celui qui a fabriqué la petite goutte. Tu feras craquer le joug ancien qui étrangle l'humanité. Mais assume toutes les conséquences de cette cérémonie-là. En payant ma dette, tu seras pleinement installé au commencement et au commandement de ta propre vie. On ne resplendit vraiment qu'après l'effacement d'une faute ! Je te donne la mienne en héritage ! En réalisant mon vœu, tu t'élèveras. Alors, il y aura certainement après un peu moins de pourriture dans le royaume de Danemark… »

Aline Sitoé, marraine des candélabres, je te livre ce que je n'ai confié à nul autre afin que la lumière soit !

CHAPITRE 2

La figurine d'ébène

Il est des jours où tout vous importune : le jappement d'un chien, le moindre mouvement du vent, le babil d'un nourrisson, la cognée lointaine du bûcheron, l'envol d'une mouche, le coup de trompette d'un musicien, le bruit d'une savate traînant sur le sol, le joyeux caquètement de la poule pondeuse… Voilà, parmi quelques motifs qu'il s'attacha à me décrire, ceux qui avaient le plus irrité l'affable Thimoté Ichar avant mon entrée dans sa maison.

Ce ne fut finalement qu'à la veille de mes dix-huit ans que je résolus de me rendre à Mitouba pour régler l'affaire de la dot. J'avais cependant décidé de faire un détour par Kolbis, où Thimoté Ichar avait trouvé, me semblait-il, une retraite paisible. Je tenais à connaître son opinion avant de me lancer dans l'organisation du règlement de la dot de ma mère. L'homme aux rondeurs sympathiques et au crâne dégarni que je vis à Kolbis avait été le plus fidèle des amis de mon père et, partant, le plus dévoué. Sa disponibilité comme sa discrétion le rassuraient, et une forte amitié les avait rendus inséparables. Toutes ces raisons me poussaient à le rencontrer.

L'ami du « Patrouillard » avait quitté Douala et notre quartier, à Bassa, quelques semaines après l'enterrement de mon père.

« Douala, sans le Patrouillard, n'est plus Douala », avait-il lâché avant de s'en aller.

Je l'avais suivi et j'avais passé quelques jours chez lui, découvrant un univers tout aussi agricole et rural que l'était celui de Mitouba.

Ce ne fut que lors de mon second séjour à Kolbis que Thimothé Ichar me révéla aussi un fait tenu secret et qui faillit changer les décisions que j'avais prises. Je dois aussi ajouter qu'après nos premiers échanges j'eus une pensée pour Magrita, ma mère. C'est elle qui, involontairement, avait précipité ma décision de venir voir Thimoté. Alors que nous l'attendions à la maison, elle avait dû différer une fois de plus son retour. Elle m'avait fait parvenir quelques jours plus tôt des nouvelles alarmistes sur la santé de mes grands-parents. Si par malheur la mort les emportait, le règlement de la dot devenait impossible. Il ne me resterait plus qu'à subir, toute une vie durant, les reproches et les accablements que le fantôme de mon père m'infligerait. Tout me pressait dès lors à agir vite.

C'était la saison des pluies, juillet s'étirait paresseusement. Le petit village, situé au sud-ouest d'Ongola, je veux dire Yaoundé, étalait à perte de vue ses palmiers, ses champs de manioc et d'avocatiers.

Il est vraiment des jours où tout vous importune…

Je devinai devant l'air buté de Thimoté que celui-ci était perturbé. Je n'eus pas le temps de lui en faire l'observation qu'il me signala combien il avait été irascible ce jour-là. Je venais de poser ma valise sur le pas de la porte. Le soleil déclinait. L'horloge de l'église du village allait sonner les dix-huit heures. Un sourire se posa sur les lèvres d'Ichar :

« Tu as bien fait de venir, Eugène. Je me sens tout d'un coup apaisé », dit-il avec entrain.

Son visage me parut enfin différent de celui qu'il arborait depuis la mort de Karl Kiribanga Ébodé. Je ne sais pourquoi, mais je revis son air atterré deux ans auparavant, pendant l'agonie de mon père. Lorsqu'il avait su que tout était terminé, une détresse sans nom l'avait saisi. On eût dit que sa tête pendait au-dessus d'une espèce de grand vide. J'avais pensé, oubliant un instant ma propre douleur, que celle qui le dévorait l'aurait également foudroyé. Il ne faisait aucun doute que l'agonie de mon père avait gommé les saveurs et la signification qu'Ichar avait jusqu'alors puisées dans sa vie. Avait-il espéré dire quelques mots d'adieu à son compère ? Mais Karl l'avait prié de nous laisser seuls. S'était-il cru en capacité de retenir son idole parmi les vivants ? Mais voilà, quand je l'avais rejoint dans la cour, et après que j'eus balbutié quelques mots pour lui annoncer que mon père ne parlait plus, Thimoté Ichar avait vacillé sur ses jambes et s'était abattu sur le sol avant de ramper en reniflant vers la maison endeuillée. Se ressaisissant, il en était vite ressorti. Était venu me consoler avant de s'occuper de toute une série de formalités que je n'aurais pu concevoir ou arrêter en l'absence de ma mère. Il m'avait même glissé :

« Il faut penser à sauver Magrita… »

Je n'avais pas accordé d'importance particulière à ce propos. En remettant les pieds à Kolbis, je m'étais souvenu de la sollicitude manifestée à notre endroit par Thimoté Ichar. Il avait été présent auprès de ma mère, devançant ses moindres attentes.

Mais nous n'avions pas abordé le sujet de la dette de mon père…

La dot de ma mère était une histoire que personne n'avait oubliée dans la famille. Si on n'en parlait pas souvent, on ne cessait d'y penser et certaines personnes, du côté de ma mère, ne se gênaient jamais d'y faire, devant nous, des allusions piquantes et grinçantes. Du vivant de mon père, je me rappelle très bien qu'à la maison, lorsque des disputes éclataient entre ma mère et lui, celle-ci recourait parfois à cette menace :

« De toute manière, tu n'as pas payé la dot, Kaal », disait-elle avec cette façon qu'elle avait de l'appeler en éliminant le *r*, et en ajoutant un *a* supplémentaire à son prénom. « À cause de cela, je peux te quitter à tout moment. Je mens ? Dis-le ! »

Cette sommation était, bien entendu, restée sans effet. Au reste, mon père en souriait, marquant ainsi le peu de crédit qu'il accordait aux menaces de sa femme. Il mettait même quelque coquetterie à pousser ma mère à répéter sa phrase. Elle ajoutait aussi :

« De quoi as-tu eu peur ?

— Tu le sais, des surenchères inutiles ! »

Elle disait, en éwondo :

« *Nkoe nkyè-ngwan wakareki dzié* », le panier des beaux-parents ne se remplit jamais.

J'enregistrais ces paroles sans m'interroger sur leur exacte portée. Quant à mon père, on l'entendait glousser :

« C'est ça, c'est ça... »

Cette affaire avait été, parmi d'autres, l'un des grands morceaux de bravoure de mon père. Au seuil de la mort, il avait douté. Sa fierté s'était brusquement changée en un lourd remords qu'il voulait à tout prix éliminer de sa conscience. Sa sincérité m'avait convaincu sur un point : ce qu'il attendait de moi faisait bien partie de ces insatisfactions qui, paraît-il, viennent tout d'un coup hanter les mourants.

Il serait erroné de prétendre que je reçus sereinement sa confession. Pendant toute la période de mes hésitations, je m'étais demandé si mon père avait marqué durant son agonie une attention à mon égard, à l'orphelin désormais livré à lui-même. C'en était fini pour lui ; il avait bien bu et bien vécu ; il me demandait, sans se soucier de mes propres tourments, d'entreprendre une mission redoutable : payer la dot de ma mère. Cela exigeait la mise en place d'une cérémonie particulière. Mon jeune âge, ma timidité maladive, le caractère prodigieusement complexe d'une telle charge, bref, la conjugaison de tous ces facteurs m'avait laissé indécis. Quand je pensais mobiliser mes forces pour satisfaire à la requête de mon père, le découragement tombait brutalement sur mes épaules. C'est ainsi que je devins incapable d'imaginer le moment où je m'élancerais dans la réalisation de ma promesse.

À plusieurs reprises, j'avais voulu introduire ma mère dans le secret qui me rongeait. Au moment de le faire, je remettais l'occasion à plus tard. Mes tentatives les plus pressantes se dissolvaient devant la tristesse que la disparition de mon père lui causait encore. Elle était, au surplus, trop angoissée par la mauvaise santé de mes grands-parents maternels pour que je lui inflige des soucis supplémentaires. Elle se trouvait donc constamment auprès d'eux, à Mitouba. C'était, et cela le demeure encore, un faubourg de la capitale dont le plateau verdoyant dévoilait des cacaoyers et de grands champs de manioc et d'ignames. Nos rires et nos cris d'enfants y avaient retenti.

Les plantations de Mitouba, que j'avais retrouvées juste après le décès de mon père, car nous y avions séjourné avec notre mère, me renvoyaient en effet aux plaisirs que mes frères, mes cousins et moi y avions connus en arrachant aux cacaoyers leurs lourdes cabosses vertes. Nous aimions les écosser à grands coups de machette pour en extraire les graines de cacao, ce qui n'était pas sans danger. Elles surgissaient devant nos yeux agrandis par la gourmandise. Nous les sucions bruyamment avant de les cracher sur des nattes que grand-mère avait disposées au milieu de la cour. Les graines devaient sécher, passer de la couleur blanche à la couleur rouge et enfin au marron clair. Puis nous les plongions dans des toiles de jute qui étaient ensuite embarquées vers le comice agricole du département.

Il était arrivé, durant la période d'écossage, qu'un enfant se blessât. L'un de mes petits frères faillit ainsi perdre le pouce, à Mitouba. On l'entraîna vite chez le guérisseur. Il revint avec un gros bandage et la plaie, profonde, mit du temps à se refermer. Fort heureusement pour lui, le nerf n'avait pas été touché.

Lors de mon second séjour, j'allais découvrir un autre Ichar, moi qui croyais qu'il n'avait pas surmonté son affliction et qu'il vivait encore trop dans le souvenir de mon père.

« Tu tombes vraiment à pic ! » me redit-il.

Une telle entrée en matière m'avait rasséréné. À tort, car la suite allait se révéler différente. Je profitai néanmoins de ces premiers instants pour reprendre mon souffle. Le sujet qui m'amenait, et qui n'était par ailleurs pas des plus faciles pour un jeune homme, avait déjà contribué à accroître ma tension nerveuse.

En entrant chez Ichar, et alors qu'une petite faim me tenaillait, j'avais aussi eu une pensée pour les rôtis que les anciennes maîtresses de mon père me proposaient à Douala. Mininga, la femme d'Ichar, faisait de la bonne cuisine, mais gardait-elle un repas tout prêt pour le voyageur affamé qui se présentait à elle ?

« Tu dois avoir le ventre qui gargouille », me dit-elle. Puis elle courut vers la cuisine.

C'était une femme au corps sec et au visage émacié mais dont les yeux brillaient de vivacité. Des rumeurs avaient couru sur une liaison entre elle et mon père, avant son mariage avec Ichar. Était-ce vrai ? De nombreuses conquêtes étaient attribuées à mon père et il était bien difficile de démêler, dans ce domaine-là, le vrai du faux. Je découvrais, après sa mort, que la réputation de séducteur du Patrouillard était d'ailleurs si solidement établie que plusieurs femmes, qui n'avaient probablement pas eu de relation amoureuse avec lui, rejoignaient d'elles-mêmes le cortège de ses concubines. Les propos que les unes et les autres tenaient pour évoquer les exploits de mon père arrivaient à mes oreilles :

« Quel embrasseur ! » susurraient certaines femmes, peu regardantes sur la vertu.

« Mais quel baiseur, ce Karl ! Quel sexe ! Il m'a littéralement trouée, comme personne ne me trouera peut-être jamais ! » s'exclamaient les plus loquaces.

La verdeur de ce langage me surprenait, mais

je ne pouvais y échapper. Dans notre quartier, ce type de commentaires était monnaie courante. J'ajoute que la plupart des maîtresses du Patrouillard étaient jeunes. D'autres, plus mûres, possédaient tout de même un visage avenant et un corps excitant au possible. Quand s'estompaient mes réactions pusillanimes, je lisais dans leurs yeux les appels qu'elles me lançaient, m'invitant à poursuivre les ébats naguère initiés par mon père. J'étais parvenu à contenir leurs avances bien que quelques sourdes excitations, dues à l'insistance des demandes, montassent régulièrement en moi. Dans la tiédeur de la nuit, en pensant à elles, je mouillais ma culotte. Quelquefois aussi, des regrets s'abattaient sur moi avec une telle virulence que je fus souvent à deux doigts d'aller toquer à l'une des portes où j'étais certain d'être accueilli avec empressement et voracité.

La nuit tomba sur Kolbis…

« Comment va Douala ? me fit Mininga.

— Bien.

— Et tes sœurs ? La petite Noellie est-elle toujours aussi belle ? Elle fera craquer tous les hommes, celle-là.

— Elle va bien ! » dis-je.

Quand elle repartit vers sa cuisine, Ichar me relata, sur un ton détendu, les nombreux accrocs qui avaient contrarié le déroulement de sa traditionnelle sieste sous la véranda.

« J'étais déjà en colère en venant m'allonger, assura-t-il. Les bruits les plus anodins m'agaçaient... »

Il m'expliqua aussi que, de l'autre côté de la cloison qui le séparait de la salle à manger, le pas traînant de sa femme, au moment précis où le sommeil le gagnait enfin, l'avait à ce point énervé que lui, si paisible d'ordinaire, avait failli bondir de son rocking-chair pour aller étrangler sa tendre moitié.

« Mininga, avait-il tonné, tu ne peux pas marcher sans racler le sol ? »

Elle lui avait répondu du tac au tac sans se départir de sa désinvolture habituelle, tout en poursuivant ses activités domestiques :

« Qu'est-ce que tu marmonnes encore au lieu de ronfler ? »

Des enfants, de retour de la rivière, s'esclaffaient, hurlaient, s'interpellaient, se bousculaient. La troupe de garnements, constituée de garçons et de filles portant en équilibre sur la tête des sacs de linge et des gourdes pleines d'eau, chahutait. Le contenu de leurs gourdes se répandait au sol sous les bourrades et les crocs-en-jambe. Ils semblaient avoir décidé, en entrant dans le village, de vider leurs querelles à quelques mètres d'Ichar. Il les chassa avec véhémence et ils prirent la fuite comme une volée de moineaux. Mais Ichar n'était cependant pas parvenu au bout de ses peines.

D'autres bambins étaient arrivés dans la cour ensoleillée où des manguiers et des goyaviers maintenaient un peu d'ombre et de fraîcheur. Ils avaient entrepris de secouer les arbres et de les délester de leurs fruits. Ceux-ci s'écrasaient au sol en produisant un bruit mat. La chute des goyaves et des mangues déclenchait des cris de victoire. Les galopins dévoraient celles qui étaient mûres, ou à peine, en rotant et en pétant sans la moindre gêne. Les bruits qu'ils faisaient en les mâchant – on aurait dit des rongeurs indiscrets – échauffaient les nerfs de Thimoté. Il bondissait, tressaillait, jurait, menaçait. Quant aux fruits encore verts qui jonchaient le sol…

« Vois-tu, Eugène, c'est Magrita qui a raison quand elle dit souvent : "Un jeune chien n'aboie pas contre un vieux chien", *Abog-mvu lanyinyié kònglò* ! Ces chenapans ne respectent plus rien, dit Ichar. Alors qu'ils se jetaient les fruits tombés par terre, une goyave est venue s'aplatir sur mon crâne. »

Ichar avait bondi de son fauteuil :

« Bougres de morveux ! avait-il juré en serrant les dents. Qui m'a bombardé ?

— Pas moi, pas moi, avaient protesté tour à tour les enfants qu'il incendiait du regard.

— Qui, alors ? Le diable, peut-être ? Allez, ouste, fichez-moi le camp, bande de morpions ! »

Cherchant à me convaincre de ses difficultés durant la journée, il s'était lancé dans une interminable énumération de son calvaire. Je conçus, malgré les sourires un peu forcés de mon hôte, combien les faits relatés lui étaient apparus comme de mauvais présages. À l'heure du déjeuner, il s'était aperçu que la contrariété qui l'avait gagné au saut du lit demeurait entière ; et pourtant, il avait tout pour se détendre car sa femme venait de poser sur la table à manger le plat qu'il affectionnait le plus : le poisson braisé et les bâtons de manioc. C'était aussi le plat préféré de mon père !

Profitant d'une absence de Mininga, il me dit :

« Un secret m'unit à ton père. »

Puis il se tut. Je ne tardai pas à comprendre son manège. Lorsque sa femme était avec nous, il se taisait brusquement, mais lorsque nous nous retrouvions en tête à tête, il poursuivait :

« Le temps est venu de te parler. Tu as grandi et ton père serait fier de te voir. J'ai des choses à te dire… »

Quand Mininga, qui s'occupait du repas du soir, reparut, il lui lança :

« Prépare la chambre du petit Ébodé ; il reste quatre jours avec nous.

— Quatre seulement ? Il ne se sent pas bien chez nous ? Tu vois, Ichar, il suffit qu'il reste deux minutes en ta présence pour avoir déjà envie de s'en aller. Non, Eugène ?

— Non, non, dis-je. Maman m'attend chez les grands-parents. En vérité, je prévoyais de ne passer qu'une nuit ici, avant de repartir à Mitouba. Grand-père va très mal. »

Mininga regarda son mari et laissa tomber à contrecœur :

« C'est une bonne raison. »

Puis, se tournant vers moi, elle lâcha :

« À vrai dire, je tenais aussi à te garder un peu plus parce que ça m'aurait changé du face-à-face déprimant avec ce *zam-zam*, ce simplet. Depuis que nous avons quitté Douala, j'ai l'impression que mon cerveau a ramolli. Il n'y a plus Magrita avec qui je m'entendais si bien. »

Faisant mine d'être piqué par cette attaque, Ichar riposta :

« Eugène, tu vois comment elle me traite ? Ne sois pas surpris si tu entends que j'ai épousé une deuxième femme. Cela donnera à mes jours la tranquillité que je n'ai pas assez obtenue de cette diablesse d'épouse !

— Fadaises ! Qui donc t'accepterait ? Je suis sûre que si jamais tu devais prendre une deuxième bonne à tout faire, c'est moi-même qui irais te la chercher ! Sans ton mentor... Sans le père de ce garçon... Pardon, paix à son âme ! J'allais dire une bêtise...

— Mininga, ne te démonte pas, dis ce que tu as sur le cœur ! Ah, tu m'en feras entendre !

— Non, mais tu ne vas pas me forcer à parler, Ichar ! Je pense que Karl était tout pour toi. Je mens ? Je mens ? Dis-le et que ça arrive à mon oreille droite et à mon oreille gauche !

— Non. Pitié, ma femme ! Un père est parti. Un ami a disparu. Ma vie s'est émiettée. »

Il me regarda :

« Et toi, Eugène, tu parviens à l'oublier ? Bien sûr que non ! Quelle question ! Un homme de sa trempe laisse forcément un immense vide. Mais nous t'embêtons avec tous ces souvenirs...

— Non. Il faut vivre avec. »

Mininga me demanda :

« Et l'école ?

— Ça va.

— Quel métier comptes-tu apprendre ?

— Je n'en sais rien. Pour l'instant, avouai-je, c'est le football qui m'intéresse. »

Elle leva les bras au ciel :

« Ce n'est pas un métier, ça ! Ta mère n'acceptera jamais que tu t'abîmes les mollets à courir derrière un ballon. Tu sais combien elle est malheureuse de n'avoir pas été à l'école. Ne la fais pas souffrir et va plutôt collecter les diplômes comme font les enfants qui ont pitié de leur pauvre maman illettrée. Tout le monde pense que c'est même le moyen le plus sûr d'avoir un travail de nos jours.

— Ne t'inquiète pas, je continue à aller à l'école, affirmai-je. Le foot, ça paie aussi très bien. À un certain niveau. »

Mininga s'était levée.

« Peut-être, si on n'a pas la jambe cassée. Je vais te chercher à boire, Ébodé, tu dois avoir soif. N'est-ce pas ? »

Je répondis sobrement :

« Oui, un peu.

— Faut le dire quand tu as soif. Tu es ici chez toi, tu le sais. »

J'avais profité de son absence pour glisser à Ichar :

« Je vais signer une licence au Blagon de Douala. C'est une équipe qui aime les jeunes. C'est ce qu'on m'a dit. On m'attend dans un mois et demi pour commencer les entraînements. Mais…

— Mais quoi ? fit Ichar, impatient.

— Avant de me lancer, j'aimerais régler une importante affaire, répondis-je. Ichar, tu es la seule personne capable de m'indiquer la marche à suivre. »

Comme je lui parlais à voix basse, un œil tourné vers la porte où avait disparu sa femme, Ichar me rassura :

« Nous en parlerons ce soir, quand nous serons plus tranquilles. »

Il avait insisté :

« J'ai, moi aussi, des choses à t'apprendre… »

Nous étions restés silencieux jusqu'au retour de Mininga. Elle nous avait encore entretenus de mille sujets auxquels nous ne prêtions qu'une faible attention. Elle parlait beaucoup, et sa voix querelleuse ne parvenait plus à nous tirer de nos méditations.

« Vous écoutez ce que je vous dis ?

— Bien sûr, mentis-je.

— Vous n'écoutez jamais ce que les femmes ont à dire. On a toujours l'air de déranger ! Je m'en vais…

— Reste ! dit Ichar.

— Non, c'est non. »

La nuit avait surgi à Kolbis avec sa brutalité habituelle. Les transitions chez nous sont inexistantes ; il fait jour très vite et la nuit tombe sans crier gare. Nous quittâmes bientôt l'arrière-cour pour gagner la véranda. Une pluie d'étoiles scintillait dans le ciel. Des lucioles, descendues de nulle part, posaient, par grappes successives, leurs petites lueurs candides sur le manteau de la nuit. Elles voltigeaient d'une herbe à une autre comme pour déposer sur la flore le tendre baiser de la nuit. Puis nous dînâmes et, une fois les assiettes rangées, Mininga annonça en bâillant son intention de se coucher. Lorsque nous eûmes la certitude qu'elle dormait, Thimoté Ichar se mit à parler. Son propos me parut d'abord incompréhensible :

« Il faut que tu comprennes ce qu'évoque en moi une certaine statuette d'ébène. Aujourd'hui, je me suis arrêté devant elle, ainsi qu'il m'arrive parfois de le faire quand je suis énervé et que j'ai besoin de réconfort. J'ai donc avancé la main et une sueur froide s'est immédiatement mise à couler sur mon front. Tu me suis ?

— Oui, dis-je.

— C'est ensuite une chaleur étouffante qui m'a envahi. Elle ne peut provenir que de quelque chose qu'on a aimé. Trop aimé ? Eugène, je ne sais pas si tu me comprends... Une faute avouée... »

Comme il s'était tu, je me demandai de quelle faute il s'agissait. Était-ce encore la dot de sa femme dont il allait à son tour me révéler la facture impayée ? Avait-il agi comme son ami ? Qu'avaient-ils donc à ne pas offrir les chèvres, les sacs de riz, le vin et les moutons à leurs beaux-parents ? Je voulais jouer au ballon et ces histoires de dot me pompaient l'air.

Ichar reprit :

« J'ai caressé des deux mains, aujourd'hui encore, le visage de la femme sculptée dans le bois d'ébène. La figurine…

— Quelle figurine ? demandai-je.

— Ah, Ébodé ! C'est une histoire… »

Il alla alors prendre la statuette que je découvrais cette nuit-là pour la première fois.

« Regarde bien ce visage, dit-il en me tendant la figurine. À qui ressemble-t-il ? »

Je n'eus pas le temps de réfléchir car un cri s'échappa de mes lèvres :

« Ma mère !

— Elle-même ! Cet après-midi, après le départ des gamins qui m'ont envoyé une goyave sur la tête, je me suis approché de la figurine. Oui, je l'ai caressée. Je n'ose jamais un tel geste, car ce visage est, tu viens de le reconnaître, celui de ta mère. Pendant que ma femme traînait les pieds quelque part dans la maison, j'ai revécu une histoire qui n'est connue que de moi et de Karl, là où il se trouve… »

Je n'entendis pas la suite, occupé que j'étais à scruter la figurine.

Ses pommettes. Les petites valises sous les yeux qui lui donnaient un air revêche. La lèvre inférieure un peu plissée. Son front haut. L'exacte beauté de Magrita… La dureté toute paysanne de son regard…

Ma mère, pensai-je… Quel lien peut-elle avoir avec Ichar ?

Mon cœur se mit à battre.

« Oui, je l'ai caressée, c'est ma faute, mais ce n'est pas la seule », confessa-t-il.

Il avait baissé les yeux comme lorsque, après un aveu, on tente de remettre un semblant d'ordre dans des idées confuses. J'entendais battre douloureusement mes tempes. Mon sang était en ébullition. Que devais-je penser du geste audacieux d'Ichar ? Exprimait-il la remontée d'un désir ancien ? Était-il gêné parce que la femme dont il parlait était ma mère ? Venait-il de réaliser qu'il était amoureux d'elle ? Était-ce la deuxième femme qu'il ambitionnait de prendre et à laquelle il avait fait allusion le soir même devant son épouse ? Non, cela n'était pas possible... N'était-ce pas simplement parce que Thimoté Ichar était trop prisonnier de l'influence de mon père qu'il était saisi de divagations ? Imaginait-il qu'en tombant amoureux de ma mère il rendrait service à son ami disparu ? Voulait-il perpétuer son souvenir ? Les disputes qui avaient émaillé les conversations entre Thimoté et sa femme, ce soir-là, trahissaient-elles des fractures plus profondes dans leur couple ? Non, mon analyse n'était pas solide, car Ichar et Mininga, sa moitié, avaient toujours présenté de leur union un visage plutôt chamailleur, à l'image des vieux couples, sans pour autant que cette attitude marquât la fin de leur ancienne complicité. Que pouvais-je alors tirer comme conclusion ? Au stade où nous en étions, j'en fus incapable et reportai mes regards sur Ichar. Il transpirait aussi et s'épongeait le front.

J'étais abasourdi et perplexe. Ichar ralluma les deux lampes-tempête accrochées aux deux poutres en bois qui soutenaient le toit de la véranda. Il ne voulait pas me parler dans l'obscurité complète. L'histoire qu'il tenait à me dire claqua dans la nuit comme une grenade dont l'explosion précède les cris de désespoir. La révélation qu'il m'avait promise m'expulsa du domaine de l'adolescence. Je la reçus comme un énorme coup de poing, là, sur le plexus…

CHAPITRE 3

Le Patrouillard

Le premier aveu de Thimoté Ichar fut le suivant :

« Ton père m'a confié sa figurine d'ébène juste après une violente crise de foie qui annonçait sa fin. Il l'avait toujours cachée. »

Voici ce qu'il ajouta :

« Quand je la regarde, la figurine me reparle de notre histoire secrète… »

J'avais dû esquisser un geste de surprise, ce qui l'amena à ajouter de manière un peu énigmatique :

« Pour échapper aux pensées qui me saisissent à la gorge à présent devant elle, j'ai pris l'habitude de quitter la maison… M'enfoncer dans la brousse… À toute vitesse… me sauver ! Tu comprends ? »

Je fis semblant de le suivre et acquiesçai. Il s'enfonçait dans la forêt sans une attention pour sa femme ; il courait recouvrer un peu de calme au milieu des arbres et des herbes hautes. Ichar continua :

« Mininga doit me trouver étrange. Mais c'est comme ça ! »

Curieusement, elle ne le questionnait presque jamais, mettant son attitude sur le compte du chagrin que lui causait la mort du Patrouillard. Et pourtant, la veille de mon arrivée, lorsque le même phénomène s'était produit, elle était sortie de ses gonds et lui avait demandé de mettre fin à son manège.

Il baissa la voix :

« Hier, aussi, j'ai ressenti le même trouble, devant la figurine. Avant de filer vers la brousse pour me calmer, j'ai croisé Mininga.

« "Ichar, qu'est-ce qui ne va pas ? Je te parle, réponds-moi ! m'a-t-elle fait.

« — Fous-moi la paix, j'ai dit.

« — Quoi ? Tu me renvoies comme une chienne, Ichar ?

« — Laisse-moi tranquille, je te dis.

« — Ah, ça non ! Arrête ton cirque. J'en ai assez de voir cette mauvaise tête." »

Il avait crié en la repoussant : « La paix, Mininga ! »

Derrière lui, sa femme vociférait :

« Qui va donc couper la vieille branche de l'avocatier qui menace de tomber sur la maison ? Qui va remuer ses fesses pour aller puiser l'eau à la rivière, ranger le linge, nettoyer la maison, allumer le feu pour te préparer à manger ? Qui va enlever les mauvaises herbes qui envahissent l'arrière de la bicoque qui me sert de cuisine ? Qui va réparer la serrure de la porte d'entrée du poulailler ? Qui va ranger le linge qui pend encore dehors et que les ballons des enfants vont encore faire tomber ? Qui va faire tout ça ? Tu peux au moins me dire pourquoi tu as cette tête ! »

Ichar avait failli lui lancer ces mots qu'elle détestait entendre : « Arrête de te lamenter ! Qui, à part moi, a gagné l'argent qui nous nourrit aujourd'hui ? »

Elle l'avait suivi en hurlant, sans que cela ne parvînt à l'émouvoir :

« Si j'avais écouté ma mère, je ne serais pas entrée dans cet enfer. Et, en plus, tu n'as même pas été capable de me faire un seul enfant pour m'aider et donner un peu de joie à mon existence. »

Puisqu'il ne disait plus rien, replié en lui-même comme un escargot dans sa coquille, elle avait fait demi-tour, laissant Ichar en proie à ses tourments. Et il avait disparu derrière la très haute haie que les sissongos coupants formaient en lisière de forêt.

J'avais l'impression qu'Ichar hésitait avant d'exprimer le fond de sa pensée. Cette mise en train était, somme toute, conforme à nos usages. On ne dit jamais directement les choses. J'avais moi aussi des questions à lui poser. J'attendais beaucoup de lui au point que je résolus de me montrer plus patient que j'eusse pu l'être en temps ordinaire.

La nuit, épaisse, nous entourait ; une petite

brise du soir vint nous caresser le visage. Je pris un pull et le jetai sur mes épaules. L'air frais me donnait la chair de poule. J'étais plongé dans mes pensées quand Ichar me glissa :

« Aujourd'hui aussi, je me suis attardé devant la figurine. Seulement, je n'ai pas eu le courage de m'éloigner de cette maison pour aller chercher l'apaisement dans la forêt. Je pense donc que ta présence est un signe du destin. »

Il m'indiqua alors qu'il avait rangé la statuette juste avant mon arrivée. Et, ne pouvant retourner à la véranda où sa sieste risquait encore d'être perturbée, il s'était replié vers l'arrière de la maison. Il y avait échoué sur la natte abandonnée par sa femme. Étendu à l'ombre d'un avocatier, il avait fermé les yeux, se laissant bercer par les douces pensées que la figurine lui inspirait. Je vis des gouttes de sueur perler sur son visage. Il dit :

« Ébodé, tu sais maintenant que cette figurine a le visage de ta mère. Un visage sculpté quand elle avait quinze ans. Magrita a toujours estimé qu'elle n'a jamais été plus belle qu'à cet âge-là. Pour moi, sa beauté est restée inchangée. »

Je fixais Ichar avec des yeux de plus en plus ronds. Il continua :

« Je ne peux pas te dire l'impression exacte qu'elle m'a faite lorsque je l'ai vue pour la première fois. Elle était alors venue à Douala passer quelques semaines chez un oncle, aujourd'hui décédé, qui habitait dans notre quartier. Ton père, le Patrouillard, l'a tout de suite remarquée. Il ne pouvait en être autrement car toutes les jolies femmes l'attiraient. Magrita sortait tout droit de son village, Mitouba, et elle portait fièrement ses quinze ans. En ce temps-là, nous étions de vraies têtes brûlées. Quand je dis "nous", c'est un peu excessif, car je me contentais souvent de suivre les autres et je ne prenais l'initiative qu'en de rares occasions. Le groupe que nous formions, ou plutôt que ton père avait formé, a vécu de manière intrépide. Nos caractères étaient très différents et pourtant des liens d'amitié nous ont forgé une identité commune. Sais-tu les circonstances dans lesquelles j'ai connu ton père ?

— Non.

— Par hasard, un jour où la pluie tombait à grosses gouttes. Elle cognait sur les tôles des maisons avec ce crépitement lourd qui nous fait croire que le bon Dieu joue du tambour là-haut. Nous nous étions retrouvés sous un abri, en attendant la fin de l'averse. Et ce fut ainsi que Karl Ébodé m'invita à faire une halte chez lui. "Voici mon 'abattoir'", me dit-il en m'introduisant dans sa maison. C'était un petit deux-pièces où défilaient beaucoup de femmes. Mais je crois que ce qui me frappa, ce fut la quantité de compresses et de petites bouteilles de Mercurochrome rassemblées chez lui. C'était l'odeur de l'hôpital, là-dedans. Comme je les regardais avec surprise, il me fit : "Je suis infirmier..."

« Quelques jours plus tard, il m'informait de son appartenance au maquis de New-Bell, lié au mouvement d'insurrection nationale, très actif à Douala. Je l'y ai rejoint. On a vécu dans une excitation incroyable. Douala brûlait. Il y avait des combats dans la ville et des morts par milliers. On harcelait l'armée des colons. Ils avaient les moyens, et nous, nous avions le temps. Ils redoutaient la mort ; nous, nous y allions sans nous poser de questions. Mais quand ta mère est arrivée, la guerre se terminait. Il y avait des règlements de comptes et des luttes de pouvoir. Il y avait aussi ceux qui voulaient poursuivre le combat pour une victoire totale et ceux qui pensaient que, l'homme blanc étant parti, il fallait arrêter le massacre, réconcilier tous les enfants du pays. Le Patrouillard s'était lancé dans la politique, mais à sa manière : pour dire ce qu'il pensait et pour rire aussi... On le lui a très vite reproché. Alors, il a foutu le camp... »

Ichar m'apprit qu'à l'époque où ils s'étaient connus mon père avait achevé ses études et travaillait à Akwa, dans la pharmacie de M. André, son premier employeur.

« Il avait vingt ans, mon âge, poursuivit Ichar. Il parlait bien, il avait un dictionnaire médical chez lui où il puisait des mots longs comme une nuit d'insomnie. Ils nous étourdissaient la tête. On lui disait : "Arrête ta gromologie !" Tu parles ! Il continuait à sortir des mots à rallonge. Il nous écrasait avec la richesse de son vocabulaire et les filles tombaient devant ses phrases ronflantes comme des mouches dans du miel. Il avait joué au football, dans l'équipe des Lions d'Ongola, avant de s'établir à Sawa, autrement dit Douala et sa zone côtière. Mais je pense que ses genoux, qui se croisaient un peu, le gênaient quand il opérait des virages et des débordements sur son aile droite. Comme tu le sais, son père, ton grand-père donc, Zacharie, s'était opposé à son départ. Un oncle, ou plutôt son frère, avait réussi à convaincre tout le monde de laisser Karl s'en aller où bon lui semblait. Mais, têtu comme l'était le Patrouillard, qui l'aurait empêché de faire ce qu'il avait décidé d'entreprendre ? Pour revenir à ta mère, Karl l'avait abordée dès son premier jour dans le quartier. Elle tardait à répondre à ses sollicitations. Un jour, il m'invita à l'accompagner chez Magrita. »

Ichar s'épongea encore le visage. Sa voix baissa et je dus tendre l'oreille pour saisir ce qui allait suivre :

« L'oncle de Magrita était encore au travail quand nous arrivâmes chez elle. Je me rappelle que c'était un lundi. Au cours de la rencontre, je m'étais mis en retrait, observant la belle Magrita, qui brillait comme la lumière. Pendant leur conversation, je souriais bêtement, caché derrière Karl. Quand ton père recherchait ma complicité en se tournant vers moi, je bredouillais de vagues propos ou dodelinais de la tête pour approuver ses paroles. Il s'en contentait. Vers cinq heures, avant le retour de l'oncle, nous avions quitté les lieux, satisfaits de notre entrevue. Puis Karl m'avoua que Magrita ne voulait pas coucher avec lui. "Pas tout de suite !" Il me dit, agacé, que la résistance de la petite “broussarde” le chiffonnait. Je te répète qu’à cette époque les filles de la ville se bousculaient dans l’“abattoir” de Karl dès qu’il levait le petit doigt. Nous étions les meilleurs amis du monde, ton père et moi. Je ne lui aurais jamais fait de l’ombre. Et dans notre groupe, si quelqu’un pouvait se tuer pour lui, c’était bien moi. Aussi ai-je eu le sentiment qu’il tenait à m’associer à ses actions. Mais nous n’avions ni le même tempérament ni le même destin. »

Il toussota avant de reprendre :

« Un soir, je le vis arriver chez moi en se frottant les mains. Il sifflotait. Je me doutai que cette attitude trahissait une heureuse nouvelle. Il me fit :

« “Tiens-toi prêt cette nuit.

« — Qu’est-ce qui se passe ? avais-je demandé. Il y a encore une opération au maquis ?”

« Il m’éclaira aussitôt sur les raisons qui l’animaient :

« “La petite est d’accord pour ouvrir ses fesses. Tu viens avec moi, martela-t-il.

« — Quelles fesses ? Quelle petite ?

« — La jolie broussarde de Mitouba, voyons !

« — Magrita ?

« — Elle-même !

« — Mais comment veux-tu que je sois avec toi ? Tu as besoin de spectateurs pour ce rendez-vous ?

« — Mais non ! On la baisera !

« — Hein ? dis-je. Tu…

« — On lui fera la 'chose' tous les deux. Tu es sourd ou quoi, Ichar ?

« — C'est pas possible. Elle est d'accord ? demandai-je.

« — Fais pas l'imbécile ! On ne va pas lui demander son avis. Manquerait plus que ça ! Faut la punir de m'avoir fait attendre. Et puis, tu mérites bien que je te fasse une passe, non ?"

« Voilà ce qui s'est passé avant de faire la chose… Eugène, Mininga a raison, reprit Ichar. Ton père a toujours eu une grande influence sur moi. Je ne pouvais pas refuser ce qu'il me proposait, craignant de perdre son amitié. Il m'expliqua que les "passes" de copain à copain étaient répandues. Fallait que je m'émancipe. Que j'arrête de faire le broussard. Pour que l'opération réussisse, il m'expliqua que je n'aurais qu'à me cacher dans une pièce qui se trouvait à côté de la chambre de la jeune fille. Il irait, bien entendu, d'abord l'y rejoindre ; il se retirerait à un moment pour aller aux toilettes. La chambre de leurs ébats resterait plongée dans une obscurité totale. Je n'aurais plus qu'à le remplacer dans le lit et… eh oui !… Eugène, crois-moi, j'ai essayé de me défiler, de protester. Écoute ce que je lui ai dit :

« "Et si elle me parle ? Je réponds ou quoi ? Elle reconnaîtra ma voix. Non, Karl, ton affaire ne marche pas !

« — Tu ne répondras pas. Tu te contenteras de dire 'chut' ! Quand on 'gnoxe', les discours ça ne sert à rien ! Y a que le flic-floc de la queue qui cause !" »

Un autre argument d'Ichar n'eut pas davantage de succès :

« "Ma poitrine glabre me trahira ! Regarde comme la tienne est recouverte de poils, ai-je fait remarquer à Karl.

« — C'est pas un problème, je vais raser tout ça !"

« Et Karl, joignant le geste à la parole, se tondit le torse devant moi, balayant du même coup les autres protestations que je tentais d'émettre. Oh ! je ne peux pas prétendre que l'idée ne m'attirait pas. Je n'étais cependant pas un téméraire. Je me demandais si sa suggestion ne cachait pas un piège destiné à mesurer la sincérité de notre amitié. Enfin… Toujours est-il que, cette nuit-là, nous montâmes à tour de rôle sur le ventre de la même femme, selon le scénario tracé par Karl. Eugène, ce que je te dis là, ta mère ne l'a jamais su. Je ne l'ai raconté à personne. »

La suite du récit me parvint dans un murmure brouillé et indescriptible :

« Les vacances se terminèrent pour Magrita et, la veille de son départ vers Mitouba, elle remit à celui qui allait devenir ton père la figurine d'ébène qui est aujourd'hui en ma possession. Je ne crois pas que ton père ait réellement envisagé de se marier. Un jour que nous parlions de ce sujet, car il venait de me présenter à Mininga, ma future épouse, il me dit subitement que de toutes les femmes qu'il avait connues, seule la petite "broussarde" lui manquait. Deux ans après l'aventure commune que nous avions eue, il décida de l'épouser, Pourquoi ? Je n'en sais rien. Je crois que la discrétion de ta mère lui plaisait. Quand la décision du mariage fut prise, il me pria de garder notre secret.

« Le fait de revenir à Douala avait rendu ta mère folle de joie. Elle était restée longtemps sans nouvelles du Patrouillard, elle m'a dit combien elle avait eu peur de ne plus le revoir. Elle ne savait pas écrire et, pendant deux longues années, elle avait espéré revenir à Douala, mais la mort de son oncle lui avait ôté tous les prétextes qu'elle aurait aisément imaginés. Elle a été fidèle à ton père, et je sais que tout au long de leur vie commune elle n'a aimé qu'un seul homme : Karl Ébodé ! Elle ignore ce que tu sais désormais. Il fallait que tu l'apprennes, en même temps que l'origine de cette figurine qui est la cause de mes remords. »

Ichar, changeant de ton, dit :

« Je considère que la mort est injuste. Elle aurait dû me prendre aussi. Je pense que je ne sers à rien. Je suis effectivement cette larve que décrit Mininga. Mais elle-même n'a pas le courage d'écraser la larve. J'ai voulu te parler comme à un adulte. Ne suis-je pas comme un frère pour Karl ? Ne suis-je pas comme ton oncle ? Dans mes derniers songes, j'ai entendu Karl me dire : "Ce que nous enseigne l'horizon, c'est de ne pas avoir peur de lever les yeux lorsque le soleil brille." Je suis incapable d'oublier Karl. C'est grâce à lui que j'ai épousé Mininga. Je ne t'ai pas dit tout cela pour que tu détestes ton père. Ce sentiment à son encontre est inutile. Ton père disait aussi : Chaque homme doit secouer son propre cocotier. C'est ce que je viens de faire. »

Ichar s'était tourné vers moi :

« Quelle image as-tu de ta mère ? »

La question me sembla incongrue. Comment osait-il me parler d'elle ? Ne se rendait-il pas compte de mon état ? J'étais un volcan. Une fièvre me dévorait le corps. Un incendie s'était déclaré en moi. Comment n'en voyait-il pas les flammes qui rougissaient dans mes yeux ? Il avait abusé de ma mère et il attendait que je lui parle ? Je m'étonnais même d'être encore assis à l'écouter. J'avais les jambes molles, alors que j'aurais voulu bondir, saisir la gorge d'Ichar et la serrer… la serrer… Je devais tout entreprendre pour l'honneur de Magrita. Quoi ? Comment ? J'étais incapable de le dire. Surmonterais-je le dégoût que m'inspirait Ichar ? Ne devais-je pas lui planter un couteau entre les yeux ? Pourquoi m'avait-il raconté cette histoire ? La peur de devenir fou me saisit.

Thimoté Ichar insista :

« Eugène, est-ce que je peux savoir ce que tu penses de ton père ? »

Je lâchai :

« C'est une ordure !

— Oh, les enfants ! Un père est celui qui a déposé la graine essentielle. Qu'il ait tort ou raison, qu'il soit bon ou mauvais n'a pas d'importance ! Un père est un père ! La vie vient de lui. Mininga n'a pu me donner des enfants et me rendre père. Je n'ai pas eu assez de courage pour lui être infidèle et tenter de faire des enfants en dehors de notre couple. Voilà tout ! »

Les folies de jeunesse de mon père et de son compère Ichar paralysaient mes sens ; je me sentais perdre la tête. Comprend-on réellement à quel moment et vers quel chemin tortueux bifurque une existence ? Je suis sorti de l'adolescence le soir où Ichar me raconta l'aventure secrète qu'il avait partagée avec mon père. Que personne ne me pousse à cracher ce qui ne peut se dire que par étapes !

J'étais envolcanisé. Il me faut résumer mon état : j'étais devenu averse et tempête de sable. J'étais brise et cyclone. J'étais comme une mer secouée par ses rouleaux. Quand ils se forment dans une mer déchaînée, les marins essaient d'échapper aux complaintes anesthésiantes que la proximité du danger fait naître. Et, dans ces instants de gravité, des prières s'élèvent implorant les forces du mystère de sauver les barques en perdition ; et les mâts se déchirent, et les matelots redoutent la fin, et l'effroi qui précède la catastrophe gicle sa merde !

Ainsi que l'enseignent les sages, le volcan renverse la terre. Ses laves crachent le feu, lequel court et court pour un baiser brutal et sauvage. Il se dit aussi, en guise de réconfort, que les retournements de la terre, la fièvre qui les meut, la rage de féconder la matière sonnent le début des labours. C'est l'aube, l'aube de l'ensemencement du monde. Et les crachats du cratère délivrent fumées et fumerolles. Espoirs, vagissements aussi…

Dans la confusion des impressions et des sentiments que m'inspirait l'aveu d'Ichar, je m'accrochais à quoi ? Au vide ! Une sensation de nullité me traversait de part en part. Une humanité défaite abandonne parfois ses oripeaux pour se vêtir de cotonnades brodées d'or. Ah bon ? Vivais-je un rite de passage ? Ichar en était-il le prêtre secret ? Lui ? Noooon !

Il parlait…

Tout ce qu'il pouvait dire n'était qu'une agression supplémentaire à laquelle je ne savais pas répondre. Il s'en aperçut.

« Ébodé, frappe-moi si tu penses que c'est ce que je mérite.

— Je vais reposer ma tête », dis-je mollement.

Et je m'en fus, à pas lents, plonger ma tête dans une bassine d'eau froide.

CHAPITRE 4

Grincements de dents à Mitouba

Devant les autres, nous passons la plupart de notre temps à fanfaronner ou à récrire la réalité. Face à l'épreuve, nous nous dégonflons généralement comme des baudruches. C'est le sentiment que m'avait laissé la nuit blanche passée au domicile d'Ichar. Mille fois, après ses extravagantes confidences, j'avais conclu que ma présence chez lui ne se justifiait plus. Un air pesant flottait dans la chambre que j'occupais, et, bien que déterminé à vider les lieux, les forces m'abandonnaient au moment de m'en aller. Thimoté était resté sous la véranda. Il ne tarda pas à la quitter à son tour. J'entendis son pas dans le couloir et pensai : « S'il ouvre ma porte, je le tue. »

Je saisis une chaise et attendis. Mais Ichar fila se coucher. Son pas lourd s'éteignit alors que je brûlais toujours d'une fièvre inhabituelle. Perdu, hargneux, dérouté, j'ouvris violemment la fenêtre de ma chambre. C'était une grande pièce où un lit minuscule, en bambou, bas, un rien branlant, m'attendait.

Je me penchai au-dehors. Les ombres derrière les arbres, la chute des fruits trop mous s'écrasant au sol avec un son mat affolaient mes sens, et l'environnement extérieur me paraissait traître et hostile. La nuit était d'encre ! Aurais-je réussi à survivre aux dangers extérieurs ? Les fauves étaient certainement de sortie ! Les mauvais esprits et les criminels pullulaient sans aucun doute dans le coin ! J'en vins à m'interroger sur la réaction de mes hôtes dans le cas où je les aurais quittés sans les prévenir. Que penserait la femme de Thimoté lorsqu'à son réveil elle découvrirait mon absence ? Que dirait-elle de ma conduite ? « Ce qu'elle voudra ! » ne cessais-je de me persuader en serrant les lacets de mes chaussures ou en remontant mon pantalon d'un air décidé.

Aussi, après plusieurs tentatives de départ infructueuses, je me mis à soupeser les arguments qui pouvaient militer en faveur de la prolongation de mon séjour à Kolbis. Devais-je sérieusement accorder du crédit aux propos de Thimoté Ichar ? Ses confidences étaient-elles vraies ? Non, il n'était pas homme à inventer une histoire aussi scabreuse que celle que j'avais entendue. Était-il possible que mon père, tout en m'invitant à payer sa dot, eût pensé que j'aurais connaissance du secret qu'il partageait avec Ichar ? S'il y avait pensé, m'aurait-il alors recommandé de revoir ses amis ? Peut-être ! Les idées se bousculaient dans ma tête. Si la dernière volonté exprimée par mon père avait consisté à faire de moi un garçon plus décidé, plus intrépide, j'étais loin du compte ! Que devais-je penser ? Pleurer ou me morfondre n'était d'aucune utilité. De la chambre de mes hôtes, me parvenaient des ronflements m'indiquant qu'ils dormaient paisiblement. Et si j'allais foutre le feu à leur baraque ? Et si je me munissais d'un gourdin pour l'abattre sur le ventre rebondi d'Ichar afin de le dégonfler comme un pneu ? Tout cela ne serait que lâcheté ! Non, il fallait partir ! Et les brigands ? Et les sorciers ? Et les monstres ? Tant pis…

Mais je m'arrêtai aussi devant cette supputation : Et si Thimoté possédait un puissant sortilège contre lequel je ne pourrais lutter ? Possédait-il un don inconnu qui me retenait chez lui ?

Soudain, le vent se mit à siffler aux volets de ma fenêtre comme un avertissement. J'abandonnai la partie. Je plaquai mes mains sur mes deux oreilles. Les sifflements continuaient. Comment pouvais-je affronter les éléments et lutter contre les idées troubles qui me venaient ?

J'ai souvent repensé à cet épisode au cours duquel j'avais mesuré mon impuissance. Cette nuit-là, pourtant, à un certain moment, j'avais essayé de me donner du courage en me remémorant une scène nocturne dont le souvenir terrifiant aurait dû me prémunir contre la peur et me pousser à défier la nuit et ses grondements.

Je m'étais rappelé une veille de match de football. Nous devions disputer une demi-finale de la coupe interquartier…

Notre entraîneur, sous le prétexte de souder l'équipe et de nous forger un moral d'acier, nous avait contraints à nous rendre dans un cimetière. J'avais treize ans. Les morts, ainsi qu'on le racontait, ne supportaient pas les peureux. Et puis, le coach nous avait indiqué que ceux qui échapperaient au rendez-vous du cimetière courraient de grands risques : « Les poltrons pourront toujours jouer, mais les génies de la brousse leur casseront les tibias ! » avait-il menacé. Ce fut donc en tremblant et en trébuchant sur les mottes de terre et sur les dalles des tombes que nous fîmes notre ultime séance de footing. En courant dans ce cimetière, quelques-uns étaient tombés dans des caveaux vides. Alors que nous ne pensions qu'à nous enfuir, le coach rattrapait les uns et les autres en disant : « Il faut bouillir d'envie pour vaincre un adversaire et combattre la peur. Qui veut pisser ? – Moi, moi, moi, moi aussi, répondirent plusieurs voix. – Pissez dans votre culotte si vous voulez, mais alors ne vous présentez plus dans un stade ! »

Et on avait porté secours aux copains tombés dans les tombes. Et on avait couru encore, sans pisser autrement que dans nos culottes et sans piper mot. La peur qui nous habita cette nuit-là m'avait paru indépassable. Mais voilà que chez Ichar j'avais également été tétanisé par un sentiment de panique qui surpassait celui de mes souvenirs.

À Kolbis, j'étais seul, livré à moi-même. Il n'y avait ni coach ni copains auprès desquels j'aurais pu m'appuyer. De plus, il m'aurait fallu, pour rallier Ongola, la capitale, parcourir une trentaine de kilomètres à pied, traverser la brousse, affronter hyènes et autres bêtes féroces.

Je m'interrogeai : Quelle allait être ma réaction lorsque je reverrais ma mère ? Comment pouvais-je m'affranchir de l'aide et des conseils d'Ichar si je maintenais l'idée de payer la dot ? Étais-je encore capable de l'associer à ma mission ? Cela n'allait-il pas contribuer à asseoir son influence et son implication dans nos affaires familiales ? N'avait-il pas déjà été suffisamment mêlé à celles-ci ? Mais qui m'apporterait alors la confiance et la complicité que la réalisation du vœu de mon père exigeait ? Quel être au monde n'eût écrasé son poing sur la figure du même Thimoté Ichar après les révélations qu'il m'avait faites ?

Moi…

Le désarroi dans lequel les révélations d'Ichar m'avaient plongé, l'état de colère qui me submergeait, bref la conjugaison de tous ces éléments me retint chez Thimoté. Ce ne fut qu'aux premières lueurs du jour que je m'endormis, après avoir constaté avec fatalisme l'extinction des nobles sentiments qui m'avaient continûment suggéré de lever le camp.

Au réveil, des odeurs de rôti de porc-épic m'avaient tiré du lit. Diable, mon plat préféré ! Si ma tête était encore alourdie par les interrogations de la nuit, l'envie de m'en aller disparut complètement à mesure que les effluves du repas s'échappaient de la cuisine de Mininga.

À table, je fus un convive peu bavard, mais cela n'avait rien de surprenant ; me sachant d'un naturel secret, mes hôtes ne trouvèrent pas de signes alarmants dans mon comportement. Au début du repas, Ichar m'avait adressé des regards obliques. Ses yeux baissés trahissaient son inquiétude. Regrettait-il de m'avoir parlé ? Comme mon attitude ne laissait entrevoir aucune animosité, il redevint affable. Mininga me souriait, ne se doutant pas des affres qui me restaient de la nuit agitée que je venais de vivre. Comme son repas m'avait redonné un brin d'enthousiasme, je lui dis :

« Ta cuisine est excellente !

— Vraiment ?

— Oui, je me suis régalé !

— Ébodé, ça me fait plaisir de l'entendre. Tu vois, continua-t-elle, je peux présenter les meilleurs plats du monde à cet imberbe d'Ichar, il faut toujours le supplier pour lui arracher un compliment !

— C'est que tu m'épuises avec tes sauces ! répliqua Ichar.

— Quoi ? questionna Mininga.

— Tes plats sont succulents, mais quand on se moque de mon obésité, tu ne dis jamais que c'est à cause de ta cuisine que je suis rond comme un ballon.

— Hein ! Ichar… Tu penses vraiment ce que tu avances là ?

— Non seulement je le pense, mais je les porte bien, tes sauces ! Cela se voit !

— Ekékélékéléééé ! Ichar, moi qui me donnais tant de mal ! Tu me critiques aujourd'hui ? »

J'avais essayé de calmer le jeu :

« Elles sont bonnes, les sauces de Mininga.

— D'accord, répliqua Ichar. Elle m'engraisse comme une oie mais elle n'a pas le droit de réclamer des louanges pour cela. »

Mininga s'était écriée :

« Si tu n'avais pas entendu ça, me croirais-tu, Eugène ? Voilà comment ce cochon me remercie ! "Un homme, un vrai, doit être fier de sa graisse", me disait ma mère. Il a même le devoir de l'exhiber. En tout cas, ce n'est pas ma belle-mère qui m'aurait reproché de trop nourrir son fils ! Elle trouvait toujours qu'il était maigre comme un clou et me soupçonnait de ne jamais lui donner assez. Ichar, dès qu'Ébodé s'en va, tu t'occuperas de tes repas pendant une bonne semaine…

— Si ça pouvait être vrai…, murmura Ichar en joignant les mains et levant les yeux au ciel.

— Tiens, voici la religion de feu ton ami : le Vieux-Pape ! » s'exclama Mininga en posant une bouteille de vin sur la table.

Elle se tourna vers Ichar :

« Bois maintenant et tais-toi ! »

Après le repas, j'avais profité de l'habituelle sieste d'Ichar pour fausser compagnie à Mininga et pour me précipiter dans ma chambre. J'avais dormi jusqu'à l'heure du dîner. Nous avions ensuite achevé les restes du porc-épic avec de la banane plantain pilée ; mûre, elle était sucrée, son goût se mariait fort bien à la sauce aux herbes aromatisées préparée par la maîtresse de maison. Et cette journée s'écoula ainsi, sans qu'Ichar et moi nous ayons eu une conversation qui rappelât ses confidences de la veille. M'avait-il malgré tout senti sur la réserve ? Lorsque Mininga se retira et que je m'empressai de l'imiter, il ne fit rien pour me retenir.

Ce ne fut qu'au quatrième jour de mon séjour que j'informai Ichar du motif de mon voyage. La nuit précédant mon départ, je le pris à part :

« Je voulais te consulter depuis longtemps, commençai-je. Sur son lit de mort, mon père m'a demandé de payer la dot de ma mère… J'ai accepté. Mais les années passent… Depuis deux ans, je n'arrive pas à agir… »

Ichar m'avait écouté. Nous étions dans le salon et la figurine, qu'il avait installée sur la commode, semblait nous observer. Détournant le regard et fixant mes chaussures, je lâchai à mon hôte :

« L'histoire que tu m'as racontée l'autre soir me ronge. J'ai beaucoup hésité à rester ici. »

Ichar avait relevé ses paupières et opiné de la tête. J'avais toutefois tenu à dire :

« Je veux payer cette dot. Mais je redoute la réaction de mes grands-parents. Je crains aussi celle de ma mère ainsi que le comportement des gens du village. Accepteront-ils, les uns et les autres, qu'une telle cérémonie ait lieu ? Personne n'a jamais organisé ça. Une dot sans le mari, ça ne s'est jamais vu ! »

J'avais aussi soulevé la question des enveloppes que m'avait confiées mon père. Je livrai mes craintes :

« Cet argent peut se perdre. Je ne souhaite pas le conserver plus longtemps. Je ne veux pas qu'une malédiction me frappe parce que j'aurais dépensé l'argent de la dot et désobéi à mon père. »

Quand j'eus terminé, Ichar me regarda, posément, puis des lueurs brillèrent dans ses yeux mouillés. Une nuée de libellules multicolores pénétra à cet instant-là dans la maison et elles vibrionnèrent un moment autour de nous. Un signe du destin ? Un encouragement outre-tombe de mon père, satisfait de nous voir travailler ensemble à la réalisation de son vœu ? Je ne pouvais que formuler des hypothèses. Je constatai aussi la disparition provisoire des idées belliqueuses que j'avais nourries à l'encontre de Thimoté Ichar.

Est-ce l'émotion qui me gagna moi aussi ? Toujours est-il qu'il m'avait semblé apercevoir le visage de mon père dansant dans les yeux embués d'Ichar. Il était là, il nous regardait, il réclamait la paix, il nous poussait à enterrer la hache de guerre. Il m'ordonnait d'être un homme, une sorte de mutant dont l'action marquerait peut-être une ère nouvelle. Les libellules colorées de vert, de rouge et de jaune s'envolèrent les unes derrière les autres, exécutant un ballet autour de nous avant de quitter la pièce. Thimoté et moi gardions le silence. Des frissons m'envahirent. Ichar rompit le premier la glace. J'ai fidèlement conservé en mémoire les paroles qu'il prononça alors :

Je te remercie de m'associer à la réparation des fautes de Karl Kiribanga Ébodé. Les anciens disaient que « l'étoile jaillit des ténèbres pour éclairer le chemin de la taupe ».

Il dit encore :

Au cours de ma petite vie, qui aurait pu être insignifiante, l'étoile, mon étoile a été Karl. Ton père est devenu le frère que je n'ai pas eu. Il a été le guide de l'orphelin de père que j'ai été trop tôt. Mais il n'a jamais été l'enfant que le bon Dieu m'a refusé. Je vais t'en dire davantage à ce sujet. Si je n'ai pas connu les joies de la paternité, c'est parce que j'avais des empêchements bizarres au moment où les femmes sont dans la bonne période de conception. Ce phénomène m'est demeuré inexplicable. Quand je devais donner à Mininga la goutte qui ensemence, eh bien, rien ne tombait. Et quand ça venait, je la versais sur le côté, pris par une espèce de secousse qui me saisissait soudain. Parfois, durant la pleine lune, je restais des heures entières au lit avec Mininga. Mais la goutte ne coulait pas, tellement j'étais angoissé. Ma femme en avait marre et me repoussait sans vouloir comprendre. Bref, le temps a passé, Mininga s'est faite à l'idée que nous n'aurions pas de bébé dans la maison. Avais-je peur d'être père ? L'angoisse d'élever un enfant, la peur de donner naissance à un monstre ? Il y a des choses qu'on subit ou qu'on ne parvient pas à maîtriser. Alors, si tu veux me croire, Eugène, sache que je suis prêt à tout entreprendre pour que la dernière volonté de Karl soit exaucée. En participant au règlement de la dette de Karl, je me sentirai un peu père, je me sentirai aussi un peu moins redevable de tout ce qu'il m'a donné. Il me pardonnera, là où il se trouve, de t'avoir révélé ce que tu sais désormais sur ta mère. Karl se moquait des traditions. S'il a finalement voulu que la dot soit payée, il n'y a pas de temps à perdre. La saison des pluies bat son plein, ce n'est pas la bonne période pour organiser une fête ; elle risque d'être gâchée par les inondations qui coupent les routes de Mitouba. Aujourd'hui, nous ne pouvons plus compter sur la science des pluviateurs. Les plus sérieux d'entre eux ont disparu sans avoir transmis leur savoir. En septembre, le temps sera meilleur. Prions le ciel pour que tes grands-parents restent en vie. Pour moi, ce que tu dois faire sans tarder se résume en quatre points : D'abord, rends-toi immédiatement à Mitouba pour recevoir l'assentiment de tes grands-parents sur la cérémonie de la dot.

Je voulus parler, mais il m'arrêta :

Dès que tu auras recueilli leur accord – fais tout pour qu'il en soit ainsi –, cours au village de ton père et mets en alerte le vieux Okoba, le chef intérimaire ;

informe la vieille tante Atana de la situation et dis à Youbi, le cueilleur de vin de palme, de ne pas trop solliciter les meilleurs palmiers avant la date de la cérémonie.

La troisième démarche sera de te rendre à Leboudi, au village de ta grand-mère paternelle. Tu y réuniras tes tantes et tes oncles, et une représentante de feue ta grand-mère devra se joindre à la délégation qui ira à Mitouba. Enfin, tu dois revoir, avant la date de la cérémonie, les amis de ton père. Ils sont aussi ces autres êtres chers que Karl aurait aimé avoir, en ces circonstances-là, autour de lui. Il te l'a dit. Karl sera fier de toi, il appréciera ce rassemblement qui ne sera pas celui des larmes, mais celui de l'allégresse. L'acte qu'il t'a chargé d'accomplir est unique. Personne, je dis bien personne, n'a jamais réalisé ce que Karl t'a demandé de faire. Il a voulu que les rires qui s'élèveront de Mitouba soient un médicament. Il prendra ainsi sa revanche sur ceux qui l'ont tant vilipendé à cause de cette foutue dot. Ah, Karl Kiribanga Ébodé, dit le Patrouillard ! Le sol où tu es enfoui se soulèvera de joie ! Nous ferons une fête digne de tes vœux, respectueuse de ton désir de surprendre les vivants.

Eugène, tu peux compter sur moi. Je n'agirai que sur tes instructions, si je devais prendre des initiatives, elles seront inspirées par la seule volonté de t'aider.

J'admets que les propos de Thimoté Ichar étaient raisonnables. Je me mis en tête de respecter l'enchaînement des quatre points qu'il avait suggérés. C'est ainsi que je me rendis à Mitouba sous les trombes d'eau que le mois de juillet pissait. Ces pluies rendirent mon voyage pénible et long ainsi que l'avait du reste pronostiqué Ichar. On ne pouvait pas faire un pas sans glisser et se retrouver le cul en l'air.

Je m'étais attendu à trouver mon grand-père alité. Ce fut un homme qui plaisantait et jouait aux dominos que je découvris. Il avait dans la main l'éternel chasse-mouches avec lequel il se tapotait machinalement les chevilles même si aucun insecte ne rôdait dans les parages. Ma grand-mère, toute voûtée, passait ses mains dans sa chevelure entièrement blanche. Puis elle allait s'affairer au milieu de ses tubercules de manioc. Elle ne pouvait s'empêcher d'être active, sauf lorsqu'elle se plaignait de son éternel mal de dos. Elle aimait à tremper les tubercules de manioc dans une grande bassine où elles devaient passer des jours entiers ; ramollies, elles devenaient ainsi prêtes à la fabrication de la liqueur de manioc.

Tout le monde vaquait à ses occupations. Je fus d'abord pris d'un sentiment d'exaspération. À part, je murmurai à ma mère :

« Les grands-parents respirent la santé ! Je croyais les trouver au bord de la tombe.

— Les jours ne se ressemblent pas, fils ! Si tu les avais vus il y a trois jours, tu aurais cru que c'en était fini pour eux. J'ai déjà, par deux fois, fait venir le curé du village pour qu'il leur donne le dernier sacrement. On dirait que l'odeur de l'extrême-onction les régénère… »

À moitié satisfait par cette réponse, je ne pus m'empêcher de penser aux jugements de mon père sur mes grands-parents. C'est donc vrai, me dis-je, ils font du cinéma pour retenir ma mère à leur chevet !

Je me tournai vers ma mère :

« Maman, je les croyais presque morts !

— Tu parles comme ton père, s'effraya-t-elle. Ils ne font pas exprès d'être malades. C'est leur nature qui est ainsi. Un jour n'est jamais semblable à l'autre. Tu comprends ? »

Je préférais les voir en bonne forme pendant que j'avais encore en ma possession les enveloppes laissées par mon père. Durant les trois jours que je passai auprès d'eux, aucune alerte sérieuse ne vint perturber le rythme de notre vie. Mon oncle, Jean-Claude Pim, paraissait peu troublé par les variations d'humeur de mes grands-parents. Qu'ils vivent ou qu'ils meurent, cela ne pesait plus sur lui. Le soir même de mon arrivée, ayant préparé ma mère à l'annonce que j'allais faire, je provoquai la réunion de la famille et j'exposai le sujet de la dot :

« Mon père m'a demandé de réaliser ce qu'il n'a pu accomplir de son vivant.

— Lui ? Quand a-t-il exprimé cette volonté ? questionna mon grand-père en fronçant les sourcils. Tu m'entends ça, Mengué ? » dit-il en se tournant vers ma grand-mère.

Elle se tassa encore plus qu'à l'accoutumée pendant que je répondais :

« Il me l'a dit, juste avant de fermer les yeux.

— Encore ses fantaisies ! laissa tomber mon grand-père. Mengué, voilà ses fantaisies qui le reprennent ! Même chez les morts, il veut encore nous torturer ! Là, c'est fort !

— Oui, c'est lui tout craché. Le diable l'inspirait déjà ici, mais, en enfer, Lucifer et lui doivent bien s'entendre, approuva grand-mère. Ils sont capables de nous entraîner dans une nouvelle farce à travers la naïveté d'un petit garçon. Rien que pour nous emmerder ! Tout ça est fait pour nous tuer ! »

Oncle Pim fronça les sourcils :

« Enfin, voyons ! Mon beau-frère a peut-être compris son erreur. Vous voulez aller contre sa dernière volonté ? Le petit Ébodé est là pour corriger ce que son père a mal fait.

— Mêle-toi de ce qui te regarde ! A-t-on déjà vu un enfant s'occuper d'une telle affaire ? On ne plaisante pas avec le mariage, coupa grand-père.

— Quoi ? Me faites pas rire ! À son âge, vitupéra Pim, vous me pressiez déjà de prendre femme. Qui d'autre que toi a voulu me jeter cette poilue de Grociska dans les pattes ? J'avais l'âge d'Eugène, non ? Alors... shut up ! C'est un homme que vous avez devant vous, pas un enfant, cria-t-il en pointant un doigt ferme dans ma direction, il a dix-huit ans !

— Vous voulez que je vous dise ce que je pense vraiment ? s'enquit grand-père. Ce Karl nous emmerdera jusqu'au bout. Pourquoi n'a-t-il pas réparé lui-même ses propres bêtises ? Dans quels nouveaux tourments veut-il nous plonger ? Oh ciel, fasse que je vive longtemps ! Et quand je fermerai les yeux, j'espère ne plus croiser ce diable d'homme dans le monde du repos et du silence. Il le transformerait en enfer. »

Entendant cela, ma mère était sortie de son silence.

« Cette histoire me concerne, dit-elle avec calme. Cette dot impayée est d'abord ma croix.

— Ton mari nous a humiliés et il n'est pas question de céder à ses caprices d'outre-tombe », glapit grand-père.

Grand-mère ajouta :

« Il nous a donné assez de coups comme cela ! Il a beaucoup ri pendant que nous versions les larmes. »

Ma mère s'emporta :

« N'y aura-t-il jamais de repos pour moi aussi, avant que la mort ne m'enlève de cette terre ? Vos jugements sont durs comme du bois d'ébène et coupants comme la machette d'un cueilleur de vin de palme. Faudra-t-il que mes os crient, craquent et sortent de ma chair pour qu'on me plaigne ? Faudra-t-il que je me précipite toute nue dans la cour du village pour qu'on réalise mes déchirements ? Faudra-t-il geindre en permanence pour vous intéresser enfin à mes plaies ? Elles ne cicatriseront jamais à cause de cette dot et des reproches que vous faites à Kaal ! Eugène est venu vous présenter l'offre de repentance de son père et vous n'écoutez rien, vous ne me regardez pas, vous ignorez mes blessures. Seul votre orgueil s'agite.

Comment pouvez-vous faire comme si je n'étais pas là ? Interrogez-moi, demandez-moi mon avis ! N'allez pas croire que j'oublie les humiliations que le temps n'a pas corrigées et qui vous sont restées sur le cœur. Toi, par exemple, oui, toi Mengué, ma mère, tu ne t'es jamais vraiment relevée après les frasques de mon mari. Père lui-même n'a plus été tout à fait le même. Et moi, pensez-vous que je n'ai pas, enfant, vécu dans l'idée de rassembler tout le village le jour de mon mariage ? Depuis l'annulation de la dot, je suis tombée dans un puits de honte. Kaal m'a volé une grosse part de mon bonheur, mais c'était mon mari. Je dois le défendre. Quoi, vous ne comprenez rien au cœur d'une femme qui a aimé et qui aime encore ou vous ne cherchez que la prolongation de mes souffrances ? Kaal est parti. Je ne savais pas qu'il avait chargé son fils de panser nos plaies… un feu a toujours une limite. Éteignons celui qui nous consume depuis longtemps.

— Éteindre quoi ? Tout a brûlé ! dit grand-mère.

— Doucement, Mengué ! » s'écria grand-père.

Tout le monde s'était tourné vers lui. La plaidoirie de sa fille l'avait ému. Il conclut :

« Il faut savoir étouffer les cendres de l'incendie qui couve encore. Que les malheurs de ma fille cessent ! »

La date de la « cérémonie du rachat », ainsi que la baptisèrent mes grands-parents, fut fixée au 5 septembre.

J'étais retourné voir Ichar avant de poursuivre mon périple à Leboudi puis dans le village de mon père pour rencontrer Okoba, le chef intérimaire. Il me sembla, durant le développement ultérieur de ma mission, que l'aide d'Ichar était incontestable. Mais elle réduisait progressivement mon propre rôle. Je sus qu'il effectua plusieurs voyages à Leboudi, chez ma grand-mère paternelle, ainsi qu'à Mitouba. On m'informa qu'il était allé voir le cueilleur de vin de palme pour négocier directement les quantités de vin qui prendraient la route de Mitouba en septembre. Il se rendit aussi chez Atedzoé, l'éleveur de chèvres. Il avait passé commande, chez un charmeur de serpents, des reptiles boucanés faisant partie de la liste des cadeaux à offrir à mes grands-parents. Il avait ajouté, de son propre chef, des tisanes en sachets achetées au Monoprix, le supermarché d'Ongola. Il connaissait le goût prononcé de mon grand-père pour les infusions : ces différents parfums venus de France feraient certainement son bonheur ! Quand Mininga me raconta ces achats, j'en voulus à Ichar de prendre trop d'initiatives. Comme il allait vite ! Mince ! Ce n'était pas à lui de faire tout ça ! Je ne lui en avais pas donné l'ordre ! De quel droit !… Il n'était quand même pas le fiancé de ma mère ! N'essayait-il pas de se substituer à moi et de récupérer à son profit la mission que m'avait confiée Karl Ébodé ? Que manigançait Ichar dans mon dos ? Il oubliait la haine immense qu'il m'inspirait et qui ne demandait qu'à jaillir. Je pris ombrage de ses actions et commençai à réfléchir au moyen de rester maître de la tâche que j'avais à mener jusqu'au bout.

J'étais retourné à Kolbis, mais je m'étais gardé d'ouvrir toute polémique avec Ichar. Cette fois, nous mîmes Mininga au courant de ce qui se préparait. Ichar me pressa d'aller moi-même en informer les autres amis de mon père.

« Rends-toi d'abord chez Syracuse, m'ordonna-t-il. Je crois qu'une certaine Katrina le retient à Bafoussam. Va le voir ! »

Sa voix n'appelait aucune contestation.

CHAPITRE 5

Docta

Mon père était arrivé à Douala au moment où la bataille faisait rage entre partisans et adversaires de l'indépendance. La puissance coloniale s'accrochait à son pouvoir tandis que les anciens tirailleurs nègres, revenus de la Seconde Guerre mondiale, revendiquaient plus de considération.

La ville de Douala, qui n'est jamais avare de démesure, était, au début des années cinquante, un foyer virulent de l'agitation autonomiste radicale. À quel camp appartenait Karl Ébodé ? À celui de l'action ! Il plaça son énergie au service de la révolte contre l'administration française. Nous ressentions une émotion toute particulière lors des conversations concernant ce morceau de l'histoire du pays et admirions donc les risques pris par le Patrouillard. Celui qu'on surnomma aussi « Docta », dans les rangs des maquisards.

Lorsqu'il évoquait sa découverte de Douala, il rappelait que l'aide que lui avait accordée son frère, Laurent Onguéné, lui avait été nécessaire.

Mais, ne voulant être à la charge de personne, il avait très vite trouvé les moyens de sa liberté en allant transporter des pains de glace à New-Bell et au port. Son courage durant les années d'incandescence revenait souvent dans la bouche d'Ichar qui, très souvent, se trouvait à la maison.

Pendant ces années cinquante, juste avant l'indépendance, de nombreux mouvements politiques et associatifs avaient vu le jour ; puis les manifestations, d'abord tolérées, furent interdites. Les combats de rue commencèrent vers Penja avant de s'étendre aux départements du Moungo, de la Sanaga maritime et bien entendu du Wouri, avec Douala comme épicentre. Les barrages routiers se multiplièrent, les pillages aussi. Les fermetures d'écoles, les arrestations et les tueries aussi bien du côté des maquisards que de celui de l'administration, s'enchaînèrent. Karl aurait pu être blessé, arrêté, jeté en prison, torturé, fusillé. Il avait paru peu sensible à la prudence, évoluant par instinct, comme poussé par une force irréductible.

Ainsi s'expliquait la hargne qu'il portait à notre génération, l'accusant de mollesse.

J'admets que rien, en dehors du foot, ne nous passionnait vraiment. Nos aînés avaient subi l'épreuve de la répression et ne voulaient plus entendre parler de politique. Mon père avait du mal avec cette classe d'âge. Il se rabattait sur nous, pour essayer de nous réveiller, mais nous étions trop éloignés du monde qu'il nous décrivait. « Soyez utiles, bon sang de bon sang ! »

tempêtait-il souvent. Utiles en quoi ? À ramasser les ordures ménagères et les détritus de toutes sortes qui empuantissaient les abords des rues et des ruelles de notre quartier ? Qui encombraient les caniveaux et bouchaient l'écoulement des eaux de pluies ? Oh, on allait tout de suite tenir pour débile profond celui qui se serait prêté à une telle action civique. Fallait-il combler les nids-de-poule sur les routes ? Arrêter les chauffards qui ne respectaient pas les feux rouges ? Barrer la route aux camions qui ravageaient la forêt et jetaient les Pygmées hors de leurs territoires naturels ? Traîner au tribunal les parents qui ne payaient pas la scolarité de leurs enfants et préféraient dépenser leur argent en buvant le kembé, cet alcool du pauvre, du matin au soir ? Déserter les terrains de foot ? Ah, non ! Et après ? Hein ?...

Plusieurs fois, j'avais effectivement entendu mon père moquer notre « mollesse » :

« À notre époque, n'arrêtait-il pas de grommeler, on ne s'ennuyait pas ! Mais vous... »

Ce type de critique ne nous émouvait guère. Il pouvait toujours causer. Était-ce parce qu'il avait œuvré pour l'indépendance qu'il ne devait plus se sentir concerné par la suite des choses ? Que devions-nous exactement entreprendre pour trouver grâce à ses yeux ? Demander des comptes aux gouvernants ? Bah, quoi, il lisait suffisamment la presse et notamment *Crevette tribune*, le seul journal de l'époque, pour savoir que des étudiants de mon établissement, le collège

Libermann, inspirés par les idées libérales des pères jésuites, influencés par la lecture des textes et des livres de Mongo Beti, s'étaient révoltés. Ils avaient écrit un manifeste contre le régime du Président Ahidjo. L'affaire avait mis en émoi la République des Crevettes. Ces étudiants réclamaient plus de liberté de parole et de critique. Ils souhaitaient une presse pluraliste, ils voulaient lire tous les livres sans avoir à se cacher. Ce texte avait plongé les dirigeants dans une terrible colère. Gouvernants, parlementaires et hiérarchie militaire, c'est-à-dire : Biya, Semengué, Matip et autres Foncha, les enfants d'Ahidjo ou ses créatures, avaient eu peur pour leur poste. Ils avaient convoqué les militaires et leur avaient tenu le langage qu'ils aiment entendre :

« M'bérés, soldats, c'est quoi ça ? Les étudiants s'agitent et osent lever leurs stylos ingrats contre le fondateur de la nation et vous ronflez comme si de rien n'était ? On chante ses louanges ou on écrase tout de suite cette vermine ? Elle s'apprête à foutre la pagaille à Douala et dans le Pays des Crevettes tout entier et vous ne réduisez pas ce délire à coups de crosse et de botte sur les bites de ces vauriens ? »

Un certain Fochivé, tortionnaire patenté, aurait dit :

« Les étudiants doivent étudier. Un point, un trait. S'ils se mêlent de ce qui ne les regarde pas, s'ils critiquent le père de la nation, alors vous, les militaires, vous ne pouvez gober les mouches et siroter tranquillement vos bières en caressant les fesses des rombières. Au lieu d'étudier, c'est les élèves qui donnent maintenant des leçons ? Merde alors ! Avant que le patron n'apprenne cet acte d'indiscipline, vous devez remettre immédiatement de l'ordre dans les lycées et collèges. Allez botter le cul à ces futurs ventrus si vous tenez aux vôtres, et que ça saute ! Dès demain, on prend un décret contre l'obésité dans l'armée, ça vous rendra plus prompt à l'éclatage des testicules de tous ces intellectuels en herbe ! »

La soldatesque n'avait pas attendu la fin de la diatribe et elle avait ramassé sa graisse et couru, transpirant et sentant la vinasse, au collège Libermann. Elle n'avait pas eu le pied léger, pressée qu'elle était de régler l'affaire et de reprendre le caressage interrompu des fesses des rombières. Tous les étudiants qui avaient *Le pauvre Christ de Bomba* de Mongo Beti dans leur bibliothèque ou *Le devoir de violence* de Yambo Ouologuem, avaient été arrêtés. Ils avaient eu beau protester : « Mais chef, ces livres-là sont au programme ! », les hommes en képi hurlaient : « Le programme, c'est l'embarquement sans causer ou nous casser les bonbons, et ça va chier au poste ! »

Pour les autorités, Mongo Beti, qui avait publié *Remember Ruben*, un roman écrit en hommage au leader de la lutte armée contre les colonisateurs, était l'inspirateur de ce mouvement des étudiants. L'un de ses pamphlets, *Main basse…*, que personne parmi nous n'avait lu, mais qui avait été interdit par les autorités, lui avait conféré une stature de rebelle. On essayait de le discréditer en arguant qu'il avait délaissé sa pauvre mère et n'était donc pas autorisé à critiquer quiconque. Mais les jeunes intellectuels et la mouvance upéciste, d'obédience marxiste, qui avait survécu aux brimades et aux exactions policières ne juraient plus que par lui. À l'université d'Ongola, des rafles eurent aussi lieu. J'avais quatorze ans. Quel rêve pouvais-je nourrir ? Manger les beignets à ma faim. Boire le kourkourou et taper dans le ballon. D'ailleurs, les bruits avaient vite couru quant au sort des jeunes révoltés. On disait que leurs vies, parce que ces jeunes gens étaient accusés de complot contre l'État, étaient foutues, qu'ils ne ressortiraient pas vivants des mains des militaires. Papa nous rabotait les oreilles avec son accusation de « mollesse ». Que faisait-il lui-même pour que notre existence s'arrange ? Comme à son habitude, il s'en était tiré en lançant une formule : « J'ai donné ! À vous d'arracher votre avenir à l'avenir ! »

Comment ? aurais-je voulu lui dire.

Car nous, on se contentait bien de ce que nous avions. Il pouvait critiquer, mais il oubliait que nous étions à un âge où les interrogations sur le futur ne nous passionnaient pas vraiment. Il avait connu une adolescence mouvementée. Ce qui parfois le rendait impatient. Je l'entends encore raconter : « J'avais très exactement seize ans quand je suis venu suivre la formation d'infirmier à Douala. La décision de quitter Ongola, la capitale, n'avait pas été simple. »

J'ai fini par me persuader que ce départ signifiait non seulement une inadaptation au mode de vie de la capitale où il comptait sa famille et ses amis d'enfance, mais aussi une rupture avec les usages traditionnels dans lesquels il avait baigné. La santé de son père, reclus dans sa chefferie en ruine, n'était pas à ce moment-là très florissante. Par-dessus tout, la réputation de Douala n'encourageait franchement personne à lui délivrer l'autorisation de s'y rendre. L'action clandestine et armée qui revendiquait l'accession rapide à l'indépendance inquiétait. La contagion de la contestation allait-elle faire basculer tout le pays dans la guerre ? Les politiciens, installés à Ongola, plaidaient pour une émancipation progressive, au rythme voulu par la puissance coloniale.

« Toute puissance, observait Karl Ébodé, ne regarde que midi à sa porte. Toute impuissance ne rêve que de l'anéantissement du temps du maître. »

À entendre mon père, Ongola, je veux dire Yaoundé, la capitale, cultivait chez ses habitants le goût pour les compromis policés et trompeurs. Lui, Karl Ébodé, ne se sentait pas en accord avec les hommes qui temporisent. Il était d'un tempérament volontaire et direct. Il méprisait le compromis, affaire de diplomates et de poltrons, estimait-il. En revanche, la truculence de la ville portuaire, les luttes qui s'y déroulaient, l'attiraient. Malgré les craintes que suscitait l'atmosphère fiévreuse de Douala, la simplicité des relations entre les gens et l'humour pratiqué dans la ville correspondaient mieux au caractère enjoué de Karl Ébodé. Les récits des voyageurs revenant de Douala – qu'il ne connaissait pas encore – l'avaient amené à désirer s'y rendre en secret.

Cette ville-là était à sa mesure : fantasque, fiévreuse, aventureuse et attirante. Il la sentait sienne, elle lui appartiendrait, il fusionnerait avec elle, ils ne se quitteraient plus, car un pressentiment, de plus en plus insistant, l'avait convaincu qu'un champ de manœuvres autrement plus intéressant l'attendait à Sawa. Il semblait las de la vie à Nsimalen, ce quartier d'Ongola où il avait suivi ses classes élémentaires. Les excitations qu'il pouvait y connaître n'avaient rien de comparable avec les frissons que la seule idée du port de Douala lui procurait. En ce temps-là, circulaient sous le manteau à Ongola, avant qu'il ne décide de son installation à Douala, les portraits des indépendantistes. Il avait entrepris de les collectionner. À ses risques et périls. Il possédait ceux de Um Nyobè, Mbèm Mayi, Mayi Matip, Ernest Ouandié, Akono Vincent, Ousmanou Muisse, Noah Ahanda et Felix Moumié. Ils étaient ses modèles.

Aller à Douala ou reconstruire le palais de grand-père ? Son choix était fait. Malgré tout, je ne parvenais pas à croire que sa dernière conversation avec grand-père Zak ne l'avait pas davantage affecté qu'il ne voulait le laisser paraître.

Je sais, pour l'avoir compris après sa mort, que son désir de s'éloigner de son village natal avait aussi été renforcé par les polémiques qui sévissaient entre les clans formés autour de mon grand-père. Zak, le vieux lion, ne se sentait plus d'attaque pour imposer le calme et ses vues à chacun d'entre eux. L'atmosphère était des plus détestables.

Mon oncle, Laurent Onguéné, avant de disparaître à son tour cinq mois après le Patrouillard, m'en donna quelques aperçus. Je compris ceci : pendant que grand-père se mourait à petit feu, la lutte à laquelle se livraient les clans de ses sept épouses pour le contrôle de ce qui restait du patrimoine de Zak faisait rage. Pour y échapper, Karl communiqua à mon aïeul son intention de partir à Douala. Grand-père garda d'abord le silence, puis il lui demanda :

« Tu n'aimes pas la terre de tes ancêtres ? »

Avant qu'il n'ait répondu, Zak Ébodé eut cet autre argument :

« Douala est trop… folie et perdition, voilà ce qu'elle fabrique. C'est l'incendie des Crevettes qui y couve et des gens qui parlent de révolution sans savoir ce que ça veut dire soufflent dans les braises. Et l'incendie va grandir. Un Ébodé ne va pas se consumer dans un brasier qui n'est pas le sien.

— Douala me plaît, murmura mon père.

— J'ai compris ! rétorqua grand-père Zacharie. Fils, cette discussion tombe à point. Je vois trop d'appétits s'aiguiser ici. Les miettes de la splendeur des Ébodé intéressent encore les gens. Je crois connaître chacun de mes enfants. Tu as en toi mille vies. Tu es bondissant, tu peux mettre un genou à terre, mais tu renais toujours quand on te croit perdu. Je l'ai remarqué !... Pour peu que tu le veuilles, tu seras quelqu'un.

— À Douala...

— Non !... Ici ! Commençons par le début ! Ne veux-tu pas redonner vie aux ruines qui s'accumulent tout autour de moi ? »

Selon ma mère, Karl avait eu cette réponse :

« Père, je doute d'en avoir la force.

— Évidemment, quand on doute, on ne voit que la chute et le malheur. Viens ! »

Grand-père l'avait entraîné vers la cour et il lui avait montré une aile de la grosse maison bourgeoise de style colonial qu'on appelait le « palais ». Depuis qu'un incendie en avait ravagé de nombreuses pièces, les deux étages supérieurs étaient devenus inaccessibles. Le manque de moyens financiers pour leur réhabilitation avait accéléré leur destruction.

Lorsqu'ils eurent marché en silence sur les pierres calcinées et sur les gravats qui s'amoncelaient alentour, grand-père reprit :

« Fils, lui dit-il, tu es parfois impulsif, impatient et dépourvu de finesse. Tu es cependant capable de travailler avec la force de dix bœufs réunis, comme tous tes frères d'ailleurs. Tes sœurs ? Dieu seul sait ce qu'elles vont devenir. Elles ont une mentalité servile qui m'agace. Je ne peux que regretter de n'avoir pas suffisamment pris en charge leur éducation. Ainsi, tu veux me quitter…

— Non, je veux aller apprendre un métier. Laurent Onguéné, que j'ai rencontré il y a trois jours, m'a affirmé que je réussirai à Douala. Une école d'infirmiers vient d'y ouvrir ses portes, avait répliqué mon père.

— C'est Onguéné qui décide de ce que tu vas faire ? C'est lui qui t'a mis au monde ? Et ce n'est qu'à Douala que tu peux devenir infirmier ? Écoute, je sens que ma résistance au mal ne durera pas longtemps. Je veux que tu prennes ma succession. Les Ébodé ne sont pas difficiles à diriger. Il faut leur indiquer les tâches à accomplir, les rudoyer souvent pour qu'ils ne cèdent pas à leur indiscipline et ils se rueront toujours au travail. La nature les a dotés d'une force de buffle.

— Mes frères sont capables de remplir ce rôle de chef des Ébodé. Il y a Athanase, Charles Onana, Laurent Onguéné, Théophile Awana, Ébodé Onomo et j'en oublie… Ils seront tous à la hauteur de la tâche.

— D'accord, d'accord, fit mon grand-père. Mais toi, te sens-tu capable de consolider ce que j'ai bâti et de l'empêcher de s'écrouler ? Et puisque tu me parles de tes frères, je sais ce qu'ils valent. Chacun d'entre eux rêve d'un tout autre destin, car chacun est aussi convaincu qu'il n'y aura rien à tirer de ce patelin après ma mort. Athanase ne pense qu'à l'uniforme, à l'ordre et à recevoir des galons sur les épaulettes. Charles n'a que la politique dans la tête et ses douces intrigues. Laurent est attiré par la carrière des hommes de loi. Il fera demain un bon greffier, car il aime écrire. Quant à Théophile, est-ce qu'on l'a déjà entendu dire autre chose que le goût de servir Dieu et de rentrer dans les ordres ? J'ai oublié Tsogo, qui ne pense qu'à voyager. Il veut faire le diplomate quand nous aurons un État indépendant. C'est loin tout ça ! Vous méprisez à tort ce qui a fait de nous ce que nous sommes. Je considère cela comme le plus douloureux des effondrements. Cela me cause davantage de peine que ces pierres qui s'écroulent autour de moi, les unes après les autres. Vos mères et leurs entourages m'épuisent… Ils vous épuiseront de même, à moins que tous ces destins que vous imaginez vers d'autres cieux ne soient précisément le moyen que vous avez trouvé pour échapper au déclin. »

Zak Ébodé avait observé une pause. Mon père, surpris par cette conversation, ne sut trop quoi dire.

« Karl, reprit grand-père, dis-moi exactement quel est le fond de ta pensée.

— Sur le fauteuil de chef ?

— Non, sur ce qui se passe et se trame ici.

— La fatigue est générale, père. Tu as laissé agir les entourages, alors que tu aurais dû te montrer cassant et énergique. Les Ébodé ont besoin de la fermeté pour avancer. Tu l'as dit et c'est ce que tu as fait jadis. Tu aurais dû mettre les intrigants à la porte, donner du fouet à ceux qui pouvaient être récupérables et renvoyer certaines femmes qui complotent dans ton dos. Leur place n'est plus ici.

— Y compris Nkollo, ta mère ?

— Y compris ma mère, si nécessaire, répliqua Karl.

— Et tu l'aurais suivie à Leboudi ? Et tu aurais vécu dans un village où les gens ne font que fumer la pipe en regardant passer les voitures, avachis sur leurs chaises en rotin ?

— Oui, je l'aurais fait, car Nkollo, ma vieille mère, est ma mère.

— Sans blague ! Tu l'aurais donc choisie contre moi ?

— Est-ce qu'on choisit une mère ? On la suit dans tous les exils, voilà ! C'est ce que j'ai entendu dire, et j'approuve une telle attitude. Mais les gens qui la conseillent m'énervent. Pour eux, pas de pitié ! Remets-les à leur place !

— Hmm ! Je vois ! À propos des entourages, j'ai manqué de vigilance, c'est vrai. Je les ai ignorés. J'ai voulu donner toutes leurs chances à chacune de mes sept femmes. Et puis, mon petit, sache qu'il n'est pas facile de décider sans se tromper.

— On attend ta mort pour que s'accélère la chamaillerie autour des miettes.

— On se râpera alors les couilles ! » prévint grand-père.

Néanmoins, étonné par ce que mon père, juste âgé de seize ans, venait de lui dire, il lui lança :

« Tu verras à ton tour, quand tu auras femmes

et enfants, s'il est facile de dicter sa loi. La position de responsable n'est pas forcément la position du maître, dominateur et infaillible. Un chef subit aussi, mais on ne le lui pardonne jamais. Il doit savoir ravaler sa salive sans donner l'impression de manquer d'air. Je ne parviens plus à le faire, la maladie m'achève et, quand on est rongé de l'intérieur, on ne pense qu'aux jours qui vous restent à boire, à manger et à ranger les pauvres affaires qu'on peut encore ranger. Et, quand on ne peut plus risquer le moindre pas sans avoir le sentiment qu'on file droit vers la tombe, que reste-t-il à faire ? Soit on sème partout le désordre, soit on cherche celui qui sera en mesure de protéger et de transmettre l'essentiel de ce qu'on a bâti. Je suis arrivé à ce stade. Je ne peux plus rien remettre d'aplomb. Semer le désordre n'est pas dans mon tempérament. Alors, toi…

— Non !

— Soit ! »

Leur entretien s'était achevé par l'acceptation du départ du fils pour Douala. Le lendemain de cette conversation, Karl apprit que, sur ordre de grand-père, Soukouma, un intrigant qui n'avait pas son pareil pour dresser deux personnes amies l'une contre l'autre, avait été chassé du village. Ce fut le dernier acte important de grand-père avant de s'éteindre quelques mois plus tard. Karl se trouvait déjà à Douala.

Il considéra avec frayeur combien cette disparition était arrivée trop tôt. Il en avait conclu qu'il ne faut rien attendre de la vie, sinon la croquer le plus profondément, le plus impétueusement même puisqu'on ignore l'instant où survient la mort. On a beau s'y préparer, estimait mon père, elle surprend toujours. Il était reparti au village pour les cérémonies funéraires. Il échangea à cette occasion de violents coups de poing avec Soukouma. Il l'avait retrouvé devant la dépouille de grand-père, séchant avec ostentation des larmes de crocodile. Karl revint à Douala, les mains endolories.

J'ai parfois pensé que la mort de son père l'avait tellement perturbé qu'il était prêt à exposer encore plus sa vie à tout moment. C'est après les funérailles de grand-père Zak qu'il fut enrôlé dans l'un des mouvements de revendication de l'indépendance. Ils ambitionnaient de s'asseoir à la table des négociations, face à la puissance coloniale, car on annonçait l'ouverture imminente des pourparlers. D'autres organisations n'aspiraient qu'à la radicalité pour occuper tout le pouvoir avant que les discussions ne l'émiettent entre les diverses composantes et les multiples ethnies du Pays des Crevettes. Karl n'avait pas accordé toute l'attention requise à ces subtilités, bien que quelques conversations à l'école d'infirmiers où il se trouvait lui eussent ouvert l'esprit sur ces débats. Il fut rapidement confronté au choix de rejoindre la guérilla ou d'être considéré par elle comme un « vendu ». Les radicaux avaient lancé des opérations de guérilla urbaine destinées à « chauffer » les fesses des autorités. Elles étaient suivies de représailles. Les militaires rasaient parfois un quartier supposé abriter des maquisards. Les manœuvres d'intimidation, le racket, les emprisonnements arbitraires, les incendies avaient vocation à dissuader la population de sauter dans la contestation. C'est l'inverse au fond qui se produisait.

Karl ignorait les couvre-feux, courait aussi dans tous les quartiers où se donnaient des fêtes. Comme s'il était poussé par l'urgence de vivre. Il allait cependant à ses cours, peinant souvent à repousser le sommeil qui le gagnait. Malgré tout, cette vie insouciante l'avait préparé aux risques qu'il allait devoir bientôt assumer. Un soir, en effet, quelqu'un frappa à sa porte :

« Docta ! Docta ! s'exclama l'inconnu, utilisant donc cet autre surnom qu'on donnait à l'étudiant infirmier. On a besoin de toi. »

Il ajouta :

« La situation est grave, Docta.

— Pour qui ? Où ? répliqua mon père en imaginant une rixe dans un des bars de son quartier.

— Un frère va mourir. Il saigne, se vide de son sang, Docta. »

Karl s'était rhabillé en toute hâte. Il avait pris une petite sacoche dans laquelle se trouvaient du Mercurochrome, un flacon d'alcool à 90°, des compresses, du sparadrap et une paire de ciseaux.

« Où allons-nous ? questionna-t-il, perplexe.

— Pas loin », mentit l'inconnu dont la lèvre

inférieure était parcourue de tremblements qui en disaient long sur son anxiété.

Au bout d'un quart d'heure de marche, Karl Ébodé s'impatienta :

« C'est encore loin ?

— Non, c'est là-bas », dit-il en désignant des lumières qui scintillaient dans la nuit.

Au terme d'une demi-heure de marche à travers des maisons basses, ils étaient entrés dans une case où gémissait un homme. Il pissait effectivement tout son sang.

« Que lui est-il arrivé ? Parlez ou je sors, menaça-t-il.

— Il a ramassé une balle dans la cuisse.

— À la chasse ?

— Euh... Non ! À la guerre que nous livrons aux Blancs. »

Et c'est à ce moment que mon père réalisa qu'il était face à un maquisard. Il retroussa ses manches, farfouilla dans sa trousse, déchira le pantalon du blessé, examina l'état de sa cuisse et commanda :

« Un couteau, vite ! Un tranchant. »

L'homme qui l'avait entraîné là disparut et revint avec un grand couteau dont la lame brillait dans la nuit. Karl Ébodé cria :

« Mettez-moi immédiatement ce couteau dans de l'eau bouillante. Il faut le stériliser. »

L'ordre fut exécuté. Il posa un mouchoir sur son nez, demanda qu'on mît un bâillon sur la bouche du blessé. On le bâillonna dans la minute. Cet empressement à répondre aux indications qu'il assénait eût pu inquiéter mon père, mais cela sembla au contraire l'encourager à poursuivre. Il s'apprêtait à faire sa première intervention chirurgicale clandestine, bien qu'il n'eût aucune réelle formation, et cela le troublait bien peu. À peine se rappelait-il les gestes qu'il avait appris durant les cours de dissection pratiquée sur les animaux. Balayant toutes ses réserves et ses appréhensions, il chassa d'une main le voile qui gesticulait devant ses yeux, plongea l'autre main dans sa trousse, retira le bouchon du flacon d'alcool, versa le liquide sur une compresse, désinfecta les alentours de la plaie et, pendant que le blessé sursautait sous l'effet de l'alcool, lui tailla la cuisse d'un geste sec. Le bâillon sauta avec le hurlement. Trois ou quatre hommes armés rentrèrent dans la pièce. Ils crièrent :

« On t'a emmené pour le soigner, pas pour le tuer ! »

L'homme qui avait entraîné Karl dans ce taudis leur fit signe de se calmer. Sans se démonter, Karl Ébodé, chirurgien de fortune, leur lança des ordres secs :

« Un tissu ! Et vite ! »

L'objet dans ses mains, il tonna :

« Qu'on ferme la bouche au blessé ! »

L'action achevée, il s'emporta contre les miliciens qui se trouvaient dans la pièce :

« Que ceux qui n'ont rien à faire ici sortent ! Toi, et toi, et aussi, oui, toi qui montres les gros yeux là-bas dans le noir, dehors ! »

Il désigna ceux qui étaient autorisés à l'assister :

« Vous deux, vous restez ! »

Il leur demanda de tenir les bras et les jambes du blessé afin que l'opération puisse s'achever. À travers la lueur des bougies, le blessé jeta au « Docta » un regard de chien battu. La balle fut bientôt extraite et le médecin de fortune la posa sur la table où tous les regards vinrent se fixer. Les visages hirsutes esquissèrent un sourire de gratitude. L'apprenti chirurgien fit un garrot pour interrompre l'hémorragie. Il l'enleva ensuite et pansa avec précaution la plaie qu'il ne pouvait recoudre. On apporta des bières. Il les vida en compagnie des maquisards, et, tandis que le blessé dormait, on tint des propos si flatteurs sur mon père qu'il se laissa enrôler comme médecin. C'est ainsi qu'il entra dans la rébellion.

Au cours des semaines et des mois suivants, il fit encore plusieurs interventions de cette nature et, petit à petit, il eut une réelle influence sur le groupe des combattants qui menaient la guérilla à Douala. On l'affecta au maquis du quartier New-Bell. Il lui arriva donc souvent de manquer les cours, car il était contraint de pratiquer des interventions toute la nuit. Il nous raconta comment il avait commencé à travailler dans l'hôpital de fortune du maquis.

Au début, par méfiance, on lui bandait les yeux et on le fourrait dans une fourgonnette et celle-ci effectuait maints détours dans la ville avant d'arriver près d'une bicoque perdue dans la jungle. Des corps saignants, dont certains n'avaient même plus la force de se plaindre, attendaient la mort. Ce n'étaient que visages éclatés, abdomens ouverts, chairs à vif et viscères pendants. Karl passait entre les blessés, évaluait autant qu'il le pouvait l'étendue des traumatismes, repérait les circuits empruntés par les balles, avant de trancher net. Pour lui redonner du courage, on lui apportait du whisky ou du kembé, le casse-pattes local. Il saisissait le couteau qu'on lui tendait, puis découpait la chair sans se départir de son calme, jetant des ordres aux gens qui étaient là, au milieu des puanteurs et des hurlements assourdis par les bâillons. Ce ne fut que plus tard, lorsqu'il découvrit les vertus anesthésiantes de certaines plantes, qu'il améliora le confort des blessés. Il fut même contraint de faire fumer le nkou à certains malades, et, quand ils avaient cette fumée de chanvre plein les poumons, il leur tranchait la jambe ou le bras atteints par la gangrène.

On enterrait les morts à la hâte. On avait des bidons remplis de bière de maïs, et d'autres qui contenaient de la liqueur de manioc. Les blessés recevaient quelques rasades pour exalter leur vaillance. Quelquefois, ils suppliaient qu'on leur en versât des quantités importantes. Karl leur donnait satisfaction. Et, tandis que certains agonisaient à deux pas, des rires nerveux éclataient çà et là. La douleur suscite parfois le rire. Vaut mieux ça que se lamenter. Les chairs et les artères sectionnées giclaient leur sang. Les garrots ne suffisaient pas. Les râles déchiraient les bâillons. La nuit était illuminée par les balles traçantes et les explosions.

Karl Ébodé, chirurgien impromptu, le regard brouillé, la gorge serrée, un chiffon sur le nez pour tenter de se protéger des odeurs et des jets de sang, soignait, charcutait, pansait, réconfortait. Il lui arrivait aussi de précipiter nombre de ses patients dans la mort, par erreur ou par méconnaissance de la lésion à soigner. De temps à autre, par ivresse ou par fatigue, il tranchait un nerf, crevait un organe sensible, expédiait l'infortuné blessé de vie à trépas. C'était la guerre.

CHAPITRE 6

Syracuse

En attendant l'autobus qui partait pour Bafoussam, mon esprit ressassait les mêmes pensées : Fallait-il persévérer ? N'avais-je pas été lâche en ne mettant pas un poing ferme et dévastateur dans la sale figure d'Ichar ? À quoi servait-il de courir d'un lieu à un autre ? Et si mes efforts n'aboutissaient à rien ? Qu'est-ce que j'allais encore apprendre sur mon père en me rendant à Bafoussam ?

Sur la banquette défraîchie de l'autobus où je m'étais affalé, je me mordis la langue et les lèvres à plusieurs reprises en mâchonnant du chewing-gum avec nervosité. Les marchands de coquillages, d'objets d'art, de bimbeloterie, de sandwiches, de fruits divers, d'œufs durs et de pains criaient autour du car avant son départ. Le nez collé à la vitre, mon regard ne se fixa d'abord vraiment sur rien qui fût capable de me distraire ou de me détourner de mes questionnements. Comment allais-je présenter mon projet à mon parrain Syracuse ? Y avait-il un moyen habile de lui exposer les événements que je venais de vivre ? Comment m'aiderait-il à préparer la cérémonie de la dot ? Accepterait-il de me voir poursuivre mon projet ? Ses vues s'accorderaient-elles à celles de mon père ? Que penserait-il des recommandations d'Ichar ? Me serait-il possible de lui relater les frasques paternelles et le secret que je connaissais désormais et qui m'empoisonnait l'existence ? Ne commettais-je pas une erreur en continuant à suivre les conseils dudit Ichar ? Avais-je eu raison de prendre la route de Bafoussam ? N'aurais-je pas plutôt mieux fait, en revenant à Douala, de me rendre chez les deux autres amis de mon père, Bakio et Kamga ? Qu'est-ce que j'allais gagner à respecter les consignes d'Ichar ? « Rien. Tu ne seras qu'un lâche », me dis-je.

Je m'étais mis debout, dans l'idée de descendre de l'autobus, mais il était déjà trop tard. Il roulait ! Et si j'arrêtais le car ? On me prendrait pour un fou. Le chauffeur ne me rembourserait pas ma place. Je voyais son énorme cou et ses biceps qui me dissuadaient de tenter quoi que ce soit. Je m'étais rassis. L'envie de prendre des distances par rapport aux indications de Thimoté Ichar s'évanouit. L'idée de voir Kamga avant le voyage à Bafoussam était pourtant pertinente. Il était originaire de l'ouest du pays, et il m'aurait fourni des renseignements sur Bafoussam et sur les activités que Syracuse y menait. Mon père y avait-il vécu ? Je n'en savais rien. Il ne me revenait en mémoire aucun élément qui le laissât supposer.

Je n'envisageais pas de passer plus de trois jours à Bafoussam, baptisée « La coquette de l'Ouest » par les voyageurs. Le climat, l'atmosphère agréable, empreinte de sérénité et de douceur qui entourait la ville, séduisaient généralement les étrangers. La gentillesse des gens y était naturelle, jamais dérangeante, mais un rien obséquieuse. J'avais en tête quelques commentaires glanés ici et là sur la coquette de l'Ouest. On disait, en regard de la tranquille assurance des habitants de la cité, que le geste brusque d'un pickpocket n'eût pas suffi à faire sortir de ses gonds un homme ou une femme agressés. Il semblait que le paysage aux vallonnements paisibles ne pouvait rendre les gens rouspéteurs. Mais c'était un calme trompeur car ces terres de l'Ouest avaient formé des bataillons de maquisards. Même un ecclésiastique comme Monseigneur Ndogmo avait été parmi les premiers hommes d'Église à exiger de Rome un engagement plus ferme pour une théologie de la libération. Il avait été parmi les derniers résistants, bien après l'indépendance, celui qui s'était opposé aux mensonges du pouvoir central.

Syracuse travaillait-il à collecter les témoignages des résistants dans ces vallonnements de l'Ouest ? Écrirait-il un livre sur le maquis comme il en évoquait parfois la possibilité lorsqu'il se retrouvait le soir avec mon père et qu'ils prenaient le temps, tous les deux, de reparler du temps des troubles qui avaient éclaté avant l'indépendance ? Peut-être ce paysage vallonné lui rappelait-il simplement sa terre gersoise ? Et Katrina ? Mais oui, il y avait Katrina… Partageait-il, lui aussi, un secret avec mon père ? Lequel ? Je me faisais bien des idées depuis les révélations d'Ichar. Si je devais en apprendre de nouvelles, serais-je en état de poursuivre le projet qui m'animait ?

Malgré tout, la perspective de retrouver mon parrain atténuait un peu mes angoisses. Il y avait belle lurette que je ne l'avais vu et je l'associais toujours au souvenir de mes sept ans. C'est vraiment ce jour-là que j'avais fait la connaissance de Syracuse. Le jour de mes sept ans, je n'avais pas reçu mon habituel cadeau d'anniversaire ; je n'étais pas loin de penser que mon généreux parrain m'avait oublié, lorsqu'il survint à la maison. Il me souleva de terre comme on brandit un trophée. Il m'administra deux baisers sonores sur les joues avant de s'extasier devant ma musculature :

« À ce rythme, je ne pourrai plus te porter l'année prochaine », dit-il.

Je fus ravi de constater qu'il avait déposé des paquets à côté de lui.

Il me les donna. Je ne pouvais tous les tenir. Mes frères et sœurs voulurent m'aider à les porter, mais je les écartai brutalement. Après tout, il y avait des cadeaux pour eux aussi. Syracuse était d'humeur joyeuse. Son teint rougeaud m'avait surpris et un peu inquiété. Il était aminci, et son visage émacié paraissait alors mangé par une barbe de plusieurs jours. Je l'entends encore s'exclamer en me fixant de ses petits yeux rieurs :

« Comme il a grandi, le petit Eugène ! »

Ma mère lui avait adressé ce reproche :

« Si tu continues à t'absenter pendant si longtemps, la prochaine fois que tu mettras les pieds ici, ce sera pour le mariage de ton filleul.

— Impossible ! Il n'a pas encore célébré sa première communion !

— C'est justement dans quelques jours ! » s'exclama Magrita.

Pour moi, cela voulait dire : Il y aura d'autres cadeaux !

« On préparera tout ça, fit Syracuse.

— Tu seras d'ailleurs le parrain ! L'abbé Alphonse, le jeunot qui remplace le père René de Guilleret, t'attend pour la préparation de la cérémonie, lui annonça mon père.

— Moi ? J'aime pas trop les hommes qui mettent des robes, Karl ! Qui sait ce qui pend en dessous ?

— Des saucisses sèches ! dit mon père.

— Vous n'allez pas commencer, gronda Magrita, bande de mécréants ! Mon fils doit connaître Dieu et le craindre !

— N'aie pas peur, Magrita, j'irai voir le curé. Je reste un bout de temps à Douala cette fois-ci.

— Parfait ! dit mon père.

— On va faire une sacrée fête ! fit Syracuse en me caressant les cheveux.

— Quel vent te ramène à Douala ? hasarda Kamga.

— Le plaisir de vous voir. Et puis, dit-il, il y a l'odeur de la terre chaude de Douala qui me manque ; l'odeur de la terre surchauffée et arrosée par une averse. Elle me manque… Cette odeur m'étourdit, me donne envie de bouffer la terre, de la mordre. »

J'éprouvais les mêmes sentiments. Je la mangeais souvent, la terre, juste après l'averse. Je fus heureux que mon parrain partageât mes goûts. Il évoqua aussi l'ambiance de la ville à la tombée de la nuit : ses bars surchauffés, les rues bondées et les gens assis à même le trottoir, une bière à la main… Les souvenirs affluèrent, ceux qui le liaient à ses amis et aux tourbillons de la ville côtière. Il y venait aussi pour y suivre ses affaires.

Après cette soirée, Syracuse avait pris à cœur les préparatifs de ma première communion. L'abbé Alphonse, le tout jeune curé noir de notre paroisse, allait effectuer ses premiers pas d'ecclésiastique dans la paroisse du Christ-Roi ; sa longue amitié avec Syracuse datait de cet événement-là.

On prétendait d'ailleurs que le rôle de parrain avait obligé Syracuse à se rendre à l'église, ce qu'il n'avait encore jamais fait depuis qu'il était au Pays des Crevettes. Il ne cachait pas qu'il était païen et voyait dans la religion un obstacle à la liberté. Il dut cependant se rendre à la confession, la veille de la célébration de mon baptême. Une tradition locale – dont personne ne savait comment elle avait été établie ou encore à quelle période elle remontait – exigeait en effet des parrains et marraines un acte de repentance avant le baptême. Ce rituel de purification des âmes avait pour fonction, selon l'abbé Alphonse, d'ouvrir plus largement encore aux filleuls et filleules les portes de la maison du Seigneur. On pensa alors que ce dernier argument fut celui qui contraignit Syracuse à aller confesser ses fautes.

J'ai appris, de la bouche de nombreux témoins de la scène, la longue confession à laquelle s'est livré Syracuse. La veille de mon baptême, il avait en effet donné l'impression d'égrener à l'infini le long chapelet de ses errements.

À l'inverse de ma marraine, Félicité, simple et sans histoire, qui s'acquitta vite de son devoir et ne s'attarda guère dans le confessionnal, Syracuse resta à confesse plus de deux heures d'horloge avec l'abbé Alphonse. Une foule importante s'était massée dans l'église. Pour la première fois, un curé noir allait confesser un homme blanc ! C'était aussi la première fois qu'un homme blanc parrainait un petit garçon noir. Au lendemain de cette confession, les interprétations sur sa durée allèrent bon train :

« Voilà ce que c'est que de se conduire en païen ! Devant Dieu, on a mille méfaits à avouer !

— Toutes les barriques de vin qu'il a bues sont sorties !

— L'abbé Alphonse connaît peut-être maintenant le papa des enfants métis qu'il y a dans le quartier !

— Hé, si c'était l'homme blanc qui a confessé l'abbé Alphonse ? L'autre jour, n'a-t-on pas entendu une femme crier : Alphonse, ô Alphonse, c'est géant !!!

— Arrêtez ! Alphonse n'a que la prière à la bouche !

— Mais l'œuvre de la queue peut être ignorée par la bouche, non ? Et puis, qui peut, mieux que les hommes d'Église, connaître le meilleur moyen de se faire pardonner les péchés d'ici-bas ? »

Les non-avertis pensent encore que l'aveu des bouteilles de vin, des débauches de toutes sortes dont Syracuse s'était rendu coupable, rallongea son tête-à-tête avec l'abbé Alphonse. Voici la vérité sur cette affaire, telle que me la révéla Syracuse au cours de la visite que je lui rendis à Bafoussam. Il me dit :

« L'abbé Alphonse avait effectivement, à l'époque de ton baptême, pris la succession du père Guilleret. C'était la période où on commençait à africaniser les personnels des administrations publiques, au Pays des Crevettes. Le clergé suivait le même mouvement. Le jeune abbé avait fait ses études en Europe mais il avait eu le trac en me voyant devant le confessionnal.

« “Fermez les yeux, et j'en ferai autant, m'avait-il dit. Nous parlerons ainsi et nous serons tous les deux dans le noir ! avait commencé l'abbé Alphonse. Croyez-vous en Christ ?

« — Non ! fis-je.

« — De quand date votre dernière confession ?

« — Ah ! mon pôvre, c'est loin tout ça”, avais-je dit », m'informa Syracuse, avec la pointe de désinvolture qu'il devait à son fort accent du Sud-Ouest.

Il avait enchaîné en faisant rouler les syllabes :

« "La dernière fois que j'ai mis les pieds dans une église, cela remonte à… non, ça se perd dans les vallons du Gers, avait répondu Syracuse en insistant sur le s final.

« — Le Gers ? Mais j'en viens ! s'était écrié l'abbé Alphonse. J'ai été élevé à la prêtrise dans votre région. Où habitiez-vous exactement ?

« — À Lectoure.

« — J'ai été ordonné prêtre non loin de là : à Nérac !" »

Alphonse en gardait encore un souvenir ému :

« "J'ai aimé votre pays. Clairac !…

« — Clairac, c'est pas chez moi ! s'était exclamé Syracuse. C'est dans le Lot-et-Garonne. C'est plus le Gers, ça ! Ah ! monsieur l'abbé, tous les Gascons ne vivent pas sur le même territoire !

« — Mais, s'était timidement défendu l'abbé, les paysages, l'architecture, tout y est tellement semblable !

« — Pas tout ! Y avez-vous mangé les mêmes melons qu'à Lectoure ? Non, c'est impossible ! Il y a des différences entre les gens de Clairac et ceux de Lectoure. À Clairac, les gens vivent dans la génuflexion alors que nous, les Lomagnols, nous sommes pour une seule flexibilité : celle du coude. On s'est jadis partagé les rôles : à eux, le pain de Dieu, et à nous, son sang ! C'est pas beau comme distribution, monsieur le curé ?

« — Alphonse, appelez-moi Alphonse ! Pour

quelle raison avez-vous quitté le pays des vallonnements ? s'était encore écrié l'abbé.

« — À cause des ormeaux... Oui, Alphonse ! Ils dissimulaient le pays aux regards cupides. Les passants ne voyaient que les vallons et rien d'autre. Ma bonne vieille Lomagne, vous l'avez donc connue, Alphonse ?

« — Ah, oui, j'y ai apprécié la beauté des couvents et des monastères. J'ai appris les exploits et la science de la guerre du maréchal Lannes. N'est-ce pas Napoléon qui disait de lui : 'J'ai engagé un nain dans mon armée et j'en ai fait un géant.' ? J'ai aimé le Floc, le pousse rapière, le foie gras, le vin de Buzet, l'armagnac !...

« — Arrête, Alphonse, tu remues une corde trop sensible. Le pays chante dans ta bouche. Je revois la Lomagne, les belles Hollandaises qui venaient se dorer la pilule sous notre soleil et sous nos caresses. Quelques Polonaises aussi ! Rares mais uniques ! Tu as goûté à ces hosties-là ? Avoue, Alphonse ! Nous sommes entre nous ! Rien ne sortira d'ici ! Un homme de ta trempe a soulevé des jupes et étreint la chair rutilante des femmes après bronzage... Les tétés qui s'allongeaient sous tes grosses lèvres, ton zob dressé sous la bure fumante... Alphonse, décris-moi tout ça !

« — Non, Syracuse ! Tu oublies que nous sommes dans la maison de Dieu ? Que ma religion... que j'ai fait vœu de chasteté et tout le tralala ?

« — Non, Alphonse, cessons de nous mentir.

Les vœux sont faits pour être prononcés mais rarement pour être respectés.

« — Diable de Gersois ! Tu vas finir par me faire craquer. Arrêtons !… Mais tu as raison sur tout le reste. La Lomagne m'a tellement enchanté.

« — N'est-ce pas ? Mais elle est morte ! J'ai refait un petit tour au pays, il y a quelques années. L'absence des ormeaux de mon enfance m'a de nouveau été insupportable ! Bientôt on n'y parlera plus que des langues étrangères : l'anglais et le pointu parisien. Tous ces nouveaux venus nous cassent les bonbons… pardon Alphonse… Les plus chiants sont les retraités parisiens. Ils croient que la Gascogne est un second bureau dans lequel ils continuent à donner des ordres et à faire courir les autres tout en étant eux-mêmes immobiles. Les Gersois n'aiment pas ça." »

Ils avaient longuement parlé, sans se soucier du temps. Ils chuchotaient parfois pour que leur conversation ne soit entendue. Heureusement, il y avait une chorale dans une salle contiguë à l'église et on y chantait à tue-tête. Quelques éclats de voix sortaient toutefois du confessionnal, mais ils étaient suffisamment imprécis pour que les personnes agenouillées sur les prie-Dieu ne comprennent ce qui se disait. Syracuse et son confesseur se murmuraient des recommandations de prudence. Les « chuuut ! Alphonse ! » succédaient aux « chuuuuuut ! Syracuse ! » lorsque des pas s'approchaient. Mais, sous le vacarme produit par les vocalises de la chorale, ils reprenaient de plus belle leur conversation insolite.

« Non, c'est des fables ! La disparition des ormeaux n'est pas l'unique raison de ton départ de Lectoure ! avait glissé avec suspicion l'abbé Alphonse.

— Tu as raison. Mais on nous regarde. Et puis, j'ai mangé un poisson pimenté hier et il me fout la chiasse. En plus, il fait aujourd'hui une chaleur à donner son congé au bon Dieu !

— Silence, Syracuse, mon Patron me regarde ! Celui qui veut mériter la tranquillité et l'absence de soif éternelles doit prier !

— Oh, Alphonse, ce langage te vieillit ! Sors de là, et allons nous péter la gueule dans un bar ! »

L'abbé avait souri avant de conclure :

« Avance vers le tabernacle, et signe-toi cinq fois au moins. J'en ferai de même pour le grand péché que cette conversation nous a fait commettre. Ensuite, il faudra réciter, sans te tromper, autant de Je vous salue Marie qu'il te plaira ! On verra après ce que nos âmes de pécheurs vont pouvoir faire pour résister aux tentations du diable. »

Syracuse s'était dirigé vers le chœur de l'église ; il ne se rappelait même plus comment on faisait le signe de croix. Il avait hésité entre le pouce, l'auriculaire, le majeur ou l'annulaire pour se signer. Alors, il ferma les cinq doigts et se frappa le front et la poitrine avant de s'agenouiller. Il se mordait les lèvres pour ne pas pouffer de rire, glissant des regards sur les côtés. Il observait les expressions sur les visages des paroissiens et essayait de chasser de son esprit les rires qui roulaient dans sa gorge et chatouillaient ses lèvres.

Quant à Alphonse, il acquit ce jour-là une aura extraordinaire auprès de ses ouailles. On le désignait partout comme celui qui pouvait faire avouer les pires turpitudes à quiconque. N'avait-il pas réussi à confesser un Blanc ?

C'est de ce jour-là que datent les longues confessions qui s'instaurèrent dans notre paroisse.

Le car avait cahin-caha roulé vers Bafoussam...

Nous fûmes bientôt au pied de la chaîne de montagnes de l'Ouest. Le mont Coupé surgit à notre droite, menaçant. Sur notre gauche, les monts Manengouba et Lonako allaient alternativement apparaître puis disparaître, comme des mirages espiègles se jouant de l'imagination d'un voyageur harassé.

Songeur, je repensais à Syracuse.

C'est en toute confiance que je comptais me présenter à lui. L'affection qu'il me témoignait était sincère. Dans quel état physique allais-je le trouver ? Il faisait chaud. Allait-il se présenter devant moi avec son éternelle serviette autour du cou ? Les grandes chaleurs marquaient Syracuse. Il transpirait alors à un point tel qu'on craignait que son corps ne se vidât de toutes ses eaux. Toutefois, sa bonne humeur effaçait le sentiment de pitié qu'on avait devant les rougeurs et les inflammations de sa peau. Longtemps, il avait partagé avec mon défunt père l'attachement pour Douala. Il aimait cependant s'éloigner de la ville portuaire qui, parfois, l'étouffait. Il la quittait pour mieux la revoir, ainsi que le font certains amants qui goûtent dans l'éloignement provisoire le doux envoûtement des retrouvailles et la promesse des enlacements explosifs qu'elles annoncent. Lors de ses retours à Douala, la joie de Syracuse était en effet aussi démonstrative que spectaculaire.

Syracuse et mon père partageaient un autre plaisir : le vin. C'est ainsi qu'on croyait à tort que les rougeurs sur la peau de mon parrain n'étaient dues qu'au soleil. Syracuse faisait partie des grands consommateurs des boissons locales et du vin rouge. Certaines personnes prétendaient qu'il avait été trempé, très jeune, dans une barrique d'armagnac, cette liqueur de Gascogne qu'on trouvait toujours à sa table lors des grandes fêtes de fin d'année. D'autres affirmaient, en riant, qu'il était plutôt tombé dans un bouillon de Mercurochrome quand il était petit. Mon père lui devait-il l'amour de la bouteille, ainsi que l'avaient suggéré de méchantes langues à la mort de Karl Ébodé ? La rumeur avait d'ailleurs couru, indiquant que Syracuse n'avait pas assisté aux obsèques de mon père parce qu'il se sentait un peu responsable de l'avoir initié à l'alcool.

En réalité, il avait dû garder le lit un bon mois, après une lourde chute de cheval. On avait craint une fracture du bassin qui l'eût paralysé à vie, mais ce fut moins grave. Il resta cependant immobilisé dans une clinique de Bafoussam, avec deux côtes brisées et un traumatisme crânien.

J'ai questionné ma mère sur cette histoire. Elle me raconta donc qu'avant de connaître Syracuse mon père s'enflammait déjà à la vue d'une bouteille. En fait, ce fut bien le Patrouillard qui initia Syracuse à la consommation des alcools locaux et à la fréquentation des bars enfiévrés de Douala. Syracuse imposa à son ami la dégustation du « Vieux-Pape », l'un des vins d'exportation que la contrebande écoulait alors facilement et à bon marché à Douala.

CHAPITRE 7

Les mamies makala

Longtemps, Karl Kiribanga Ébodé conserva l'habitude de prendre son petit déjeuner chez les vendeuses de beignets. Il y avait entraîné Syracuse, avant de m'associer à mon tour à ces virées matinales. Avant de se rendre à son travail, il s'arrêtait dans l'une des nombreuses gargotes que l'on trouve sur le bord des routes de Douala. Là, il buvait sa tasse de kourkourou, cette lourde bouillie de maïs, comme on boit du petit-lait ou du café. Parfois, selon son humeur, il avalait un ou deux beignets du même maïs, pas plus.

Il prétendait que sa connaissance de Douala s'était approfondie auprès des vendeuses de beignets et de kourkourou, les fameuses mamies makala. Il avait appris à leur contact les rudiments de la langue douala et l'essentiel de ce qu'il fallait savoir de la ville. Les quartiers fréquentables, ceux qui l'étaient moins et où se cuisinaient les viandes grillées, les soyas, furent évidemment ceux vers lesquels il courut avec appétit et inconscience. Les logements les plus intéressants pour les étudiants et les mille et une combines pour se faire de l'argent de poche lui avaient été conseillés par les mamies makala. De nombreuses rumeurs circulaient dans les gargotes et se révélaient parfois fondées. Les camaraderies initiées dans ces restaurants de fortune, faits de baraquements en bois, étaient souvent les plus durables. C'est là que Karl rencontra Bakio et Kamga. Il put aussi vérifier combien les habitants de Douala affectionnaient ces lieux de tchatche. Il parut évident, lorsque se développa la rude concurrence des maisons des « veuves joyeuses » – on disait que ces femmes à la quarantaine pimpante étaient responsables de la mort subite de leur mari –, que les mamies makala, moins aguichantes, plus rondelettes et au langage moins châtié, perdraient une partie de leur clientèle. Mais il n'en fut rien. Les gargotes restaient bondées, les mamies makala se multipliaient et les jeunes femmes n'attendaient plus d'avoir plusieurs bouches à nourrir, des petits dont les pères étaient dans la nature, pour tenter de monter une activité ou un commerce rentable.

Le phénomène des veuves joyeuses avait fait son apparition dans les années soixante-dix. On avait remarqué que, la neuvaine du deuil achevée, les jeunes veuves ouvraient un restaurant dans leur domicile particulier et jamais sur le bord des routes. Ces restaurants-là, enfoncés dans le quartier, étaient plus propres et anonymes. Ils servaient aussi de « seconds bureaux », autrement dit d'hôtels de passe.

Enfant, mon père m'entraîna dans les gargotes du bord des routes où je m'empiffrais de beignets le matin et de soyas certains soirs. Nous allions surtout dans les lieux où les beignets se cuisinaient sous nos yeux. Celle qu'on voit partout à Douala est bien la vendeuse de beignets, la mamie makala. Elle a généralement un formidable embonpoint, proportionnel à la grosse bassine derrière laquelle elle tente de dissimuler ses « jambonneaux ». La vendeuse de makala est donc omniprésente dans tous les quartiers. Nulle autre population au monde n'aime tant les beignets que celle de Douala. Sous des restaurants de fortune ou en pleine rue, la vendeuse de makala est la vraie reine de la ville. C'est autour d'elle que se nouent les échanges. C'est auprès d'elle qu'on saisit l'humeur de Douala. C'est dans son commerce que des gens qui ne se connaissaient pas la veille deviennent des amis inséparables en quelques minutes. Les beignets bien calés dans l'estomac, accompagnés de poissons grillés ou de haricots rouges, la tristesse s'oublie et l'optimisme revient. Dès la première gorgée de kourkourou, dans ces gargotes où l'odeur de l'urine cohabite avec celle de la friture, deux inconnus peuvent entreprendre des projets susceptibles de transformer le cours de leur existence.

Le matin, la chaleur du feu était supportable. Les mamies makala étaient, quant à elles, déjà en nage. Elles étaient vêtues de grands boubous et ceintes de pagnes qu'elles rabattaient toujours machinalement entre leurs cuisses, comme si la chaleur du foyer leur chauffait davantage le sexe que l'huile où frétillaient les boules de farine. Leurs mains et leurs jambes étaient donc toujours en mouvement. Les mains plongeaient dans un récipient où se trouvait la pâte à beignet, puis elles allaient alternativement de ce récipient-là à la grosse marmite en fonte posée en équilibre sur trois pierres. Du bois sec brûlait au milieu de celles-ci. Des flammes léchaient les marmites, mais souvent elles s'échappaient du foyer pour aller rôder près des jambes des mamies makala, remontaient le long de leurs jambonneaux comme des serpents lubriques, poussant les vendeuses à ces coups de chaud, nécessitant les mouvements d'ouverture et de fermeture des jambes que nous attendions avec impatience et excitation. J'observais à la dérobée cette danse aux allures érotiques, et nous nous bousculions pour être aux premières loges. Toute mon adolescence fut bercée par ces étonnants balancements sur lesquels les regards coquins des mômes et des adultes venaient se fixer.

De même, le rythme élevé auquel était soumis le buste de ces femmes faisait légèrement glisser leur boubou, laissant à découvert une épaule dont la rondeur captivait l'œil du spectateur. Les mamies makala ne soupçonnaient probablement pas nos vicieuses œillades, ou feignaient de ne pas s'en apercevoir, occupées qu'elles étaient à leur cuisson, à servir les clients, à recevoir la monnaie ou à la rendre. Elles surveillaient aussi d'un œil la ribambelle d'enfants en bas âge qui traînaient autour d'elles. Ils n'étaient pas inactifs. Sur un ordre de la mamy, les enfants obéissaient ! Ils aidaient leur mère à éplucher les bananes mûres, les pilant, apportant du bois mort pour attiser le foyer ou lavant la vaisselle qu'attendaient de nouveaux clients. Mon père me présenta parfois à quelques-uns de ces enfants en se contentant d'un :

« Dis bonjour à ton frère ! Dis bonjour à ta sœur ! »

Et je saluais, et découvrais ainsi, au hasard de nos promenades, une fratrie conçue en dehors des liens du mariage. Ma mère soupçonnait-elle leur existence ? Certainement ! Quand nous n'avions pas grand-chose à manger à la maison, il lui était arrivé de lâcher :

« Votre bandit de père a tellement de bouches à nourrir ! Et il tient tellement à cette ville ! »

Douala était pour lui le symbole de la liberté et le temple de tous les affranchissements. Elle semblait conduire à toutes les perditions, certes, mais elle favorisait aussi les rétablissements inattendus.

« C'est ici que je veux être enterré, m'avait dit mon père. Au milieu des gens d'ici qui savent que tout est toujours à refaire. »

Les habitants de la ville-fleuve l'avaient si bien compris qu'ils y étaient toujours en perpétuel déménagement. On changeait de quartier comme on change de chemise. L'immensité du territoire de Sawa, la ville des côtiers, le caractère versatile que son climat encourageait et l'humeur des gens invitaient en effet facilement aux migrations internes. Il y avait des jours où les rues de la ville n'étaient encombrées que de charrettes de meubles, de pousseurs transpirant toute leur sueur et qu'on voyait à peine derrière un amas de malles, de tabourets, de journaux jaunis, de vieilles godasses, de casseroles, de pilons, de mortiers, de nattes tachées et effilochées, de lits picots cassés, de postes transistors qui crachotaient en chemin les nouvelles de la BBC ou de RFI, de draps anciennement blancs et qui étaient devenus marron…

Les conducteurs de pousse-pousse, en nage, chemise trouée, rapiécée et ouverte sur la poitrine, assuraient ces déménagements, la langue pendante, les mollets secs, les muscles saillants, les sourcils et les cils couverts de poussière.

Les habitants de la ville portuaire déménageaient en permanence. On remarquait la vétusté du mobilier transporté, mais aussi la présence de la famille qui marchait à côté du pousseur. Elle contrôlait chacun de ses arrêts, vérifiant que des inconnus ne venaient pas distraire le déménageur pendant une halte, ou ne profitaient pas de son absence pour dérober quelques affaires. Il n'était en effet pas question de le laisser effectuer le trajet en solitaire. Une telle erreur se soldait par la disparition pure et simple du chargement et de son convoyeur dans le magma populeux de Douala.

Le déménagement a toujours été une activité prospère à Douala. Si l'on s'y trouve désœuvré, il est conseillé de s'établir « pousseur ». Il en a toujours été ainsi. Il suffit de s'acheter ou de louer un pousse-pousse et, avec cet engin, on s'offre un investissement qui permet de survivre.

Un déménagement coûtait entre trois cents et six cents francs pour une distance de dix kilomètres en moyenne. La charge transportée oscillait entre deux cent cinquante et cinq cents kilos. Le pousseur évaluait le poids du chargement, prenait en compte la longueur du parcours, la valeur des frusques, calculait mentalement les pourcentages des pentes sur son chemin, se demandait s'il allait se trouver sur le versant ascendant ou descendant de la colline qu'il aurait éventuellement à affronter. L'angoisse des pousseurs était la colline, sa raideur et sa longueur. Les orages, le palu et les petits truands vivant dans les quartiers périphériques ont toujours été les autres adversaires des pousseurs. En revanche, si étonnant que cela puisse paraître, les policiers leur ont toujours foutu la paix, ne les arnaquant jamais, voyant peut-être dans cette humanité suante et poussante l'incarnation de la vertu. Ils ne leur extorquaient pas d'argent, les protégeaient même contre l'État qui voulait que ces voituriers fussent taxés. À Douala, les pousseurs connaissaient donc une paix relative. Sauf lorsque le paludisme les clouait au lit. Sauf lorsque à la fin d'une journée faite de rage, de sueur et de goudron surchauffé collant aux semelles, ils s'abandonnaient devant une caisse de bière. Hélas, les petites frappes de Nkongmondo ou de Bonamoussadi les attendaient au coin des bistrots ! À la faveur de la nuit, ils les soulageaient de leurs maigres gains, s'emparaient aussi du pousse-pousse qu'ils revendaient le lendemain. Quant aux orages, puisqu'ils surviennent sans crier gare à Douala, les pousseurs les redoutaient et les appréciaient aussi.

Ils les redoutaient lorsqu'ils n'avaient pas pris la précaution de bâcher leur barda, de l'envelopper d'une couverture en plastique qui eût protégé le contenu du pousse-pousse. La famille abreuvait les imprudents d'injures, les menaçait de ne pas payer. La pluie interrompait les élans des pousseurs, coupait les jambes aux déménageurs. Les crampes étaient l'ennemi des pousseurs. Dès qu'elles survenaient, on les voyait grimacer et claudiquer en bordure de route, tandis que la famille qui les suivait se montrait renfrognée, les maudissait et les blâmait de prendre du retard sur la livraison.

Mais, pour ceux des pousseurs qui acceptaient d'investir dans l'achat d'une bâche en plastique et qui l'utilisaient à bon escient, la pluie était la bienvenue. Sous la chaleur éternelle de Douala, les pousseurs tiraient cette fois la langue avec bonheur quand tombait l'orage. Ils se moquaient des éclairs qui zébraient le ciel, se moquaient des trombes d'eau qui descendaient comme une barrière géante dans la rue, se moquaient de la foudre et des coups de tonnerre. Ils retrouvaient le sourire. Ils reprenaient des forces sous la pluie, se désaltéraient sous l'averse, sachant qu'elle serait de courte durée. Ils houspillaient la famille, refusaient tout arrêt, et ce petit monde suivait les hommes aux muscles saillants et à la langue pendante.

À Douala, il fut une époque où, lorsqu'on avait le sentiment d'étouffer dans un quartier, il fallait très vite s'en aller habiter dans un autre. Mon père avait ainsi, en digne Beti, déambulé dans plusieurs d'entre eux. Il avait été à Akwa, à Bonaminkengué, à New-Bell, puis à Bassa. Il nous les raconta, entre deux gorgées de Vieux-Pape. Le dernier de ces déménagements eut lieu après une brouille avec un ami douala : Tokoto. Lorsqu'ils se fâchèrent, il fila s'installer au camp Sic de Bassa.

« Ainsi était Douala en ce temps-là, nous renseigna-t-il. Lorsqu'on avait envie de modifier le cours de sa vie, on partait ailleurs. Mais l'anonymat souhaité ne durait pas ; on nouait vite de nouvelles relations, on trouvait facilement un paysage plus conforme au rêve qu'on avait à cœur de réaliser. »

Je compris que si on voulait entrer dans les affaires et s'enrichir très vite, il n'était pas question de s'aventurer dans le tapageur et grouillant New-Bell ; il était plus indiqué de se glisser à Bonamoussadi. Si un poste dans l'administration vous tentait, c'est à Bonapriso qu'il était conseillé de trouver un toit, à quelques pas des cités administratives de Bonanjo. L'import-export avait ses quartiers à Akwa, non loin du port et de ses intrigues. Les « bayam-sellam », le petit monde des revendeurs, s'était d'abord établi à Ngodi d'où il avait été expulsé pour aller au quartier Madagascar, puis au « Kilomètre 5 ».

Quant aux employés de bureau, ils naviguaient entre Bassa, le Carrefour-des-Deux-Églises et Bonamouang.

Les putes sédentaires se trouvaient au quartier Mozart et les prostitués nomades roulaient leurs arrière-trains du côté d'Akwa et du port. Cela, je n'avais pas eu besoin des récits de mon père pour le savoir…

Karl Kiribanga Ébodé appréciait Douala pour son aptitude à donner à celui qui s'y installait le sentiment d'être chez lui, d'avoir par conséquent été toujours attendu pour ne pas dire désiré depuis fort longtemps… La cité portuaire ouvrait grand ses portes, et cette ouverture à tous les vents pouvait paraître suspecte. L'humidité qui vous collait les vêtements à la peau vous pénétrait d'anxiété. Et de nouveaux venus détestaient la moiteur de Douala, s'affolaient devant les lézardes sur les murs, prenaient peur, redoutaient un piège tendu par quelques adversaires tapis à l'ombre des taudis où pullulaient cafards, rats et lézards.

Parce qu'elle est côtière, Douala donne l'impression que tout se déverse en elle et que le métissage y est la règle. C'est aussi une ville qui a toujours promu le cul. Et on s'y culbute partout, surtout derrière les cabanes et les baraques en bois. Parce qu'il fait chaud à l'intérieur des maisons en tôle, c'est fou ce qu'on aime le derrière des cases à Douala !... Mais pas seulement celui des cases ! Les gens adorent s'accoupler la nuit, sous le clair de lune sans pareil, quand une fine pluie humidifie tous les rapports, rend acceptable la moiteur tropicale et fluides les frottements derrière les maisons en bois. Et la friction des corps produit sur le bois un son tout particulier : le son mat made in Douala.

Et tous les Africains venaient aussi se fondre dans la fournaise de la ville et ajouter leurs frôlements, leurs langues aux sonorités et aux chansons des pasteurs douala. Et le chant paraissait n'être que de ce pays-là. Et tous ses habitants chantaient. Et mon père aima cela aussi. Et, dans cette ambiance, la ville s'était désaccordée à l'allure un rien guindée qu'affichaient les Sawa, ses habitants autochtones. Ils avaient été frappés successivement par trois grands chocs et avaient du mal à s'en relever.

Le premier avait eu lieu sous la colonisation allemande avec l'assassinat par pendaison de Rudolf Dualla Manga Bell, le roi douala. Les autochtones avaient ensuite vécu avec effarement et consternation l'interdiction du Ngondo, la fête traditionnelle des hommes de la côte, sous la République d'Ahidjo, après l'indépendance et même après la réunification des deux parties anglophone et francophone. Enfin, les vieux Douala avaient encouragé l'exode massif de leurs enfants vers d'autres cieux. Ils ne parvenaient pas à justifier la liquidation du patrimoine foncier qu'ils avaient subie sous les Allemands et qui s'était prolongée sous l'ère Ahidjo. Les Douala avaient été conquis ; ils juraient à leur tour de conquérir le monde. Et les anciens marmonnaient des adieux intraduisibles à l'oreille de leurs enfants : « Partez, fils de la mer… volez, oiseaux immortels vers d'autres cieux, pour chanter notre gloire ! Sauvez-vous, pour ne pas voir la déchéance quand on n'a plus pour seule alternative que de crever ou de mendier pour manger la tête du poisson pêché dans votre propre rivière ! Tout est désormais perdu ici ! Partez ! Soyez poissons, mais pas esclaves sur votre propre terre ! »

C'est ainsi que devant le renoncement de plus en plus manifeste des hommes, les femmes avaient pris le pouvoir à Douala. Sans les mamies makala, sans les deuxièmes bureaux, sans les *djangui*, nos tontines, sans les ateliers de couture, sans les chants des pleureuses, Douala n'existerait déjà plus. Même les crevettes ne se laisseraient plus prendre aux filets des pêcheurs…

CHAPITRE 8

Les passions de mon père

Si je devais résumer la vie de mon père, je dirais que Karl Kiribanga Ébodé eut, en dehors des femmes, trois passions fortes : la ville, le vin et la langue française.

Le vin le rendait irritable et le poussait à répéter mille fois les mêmes propos. Mais il arrivait aussi qu'une certaine dose d'alcool lui donnât envie de raconter ses aventures de jeune homme. Il parlait surtout des activités clandestines que la guérilla urbaine lui avait permis de vivre, au milieu des années cinquante, à la veille de l'indépendance du Pays des Crevettes. Certaines fois, après un repas arrosé, il s'exclamait : « Ce n'est qu'après une rasade de vin rouge que je reconnais vraiment que nos ancêtres étaient des Gaulois. »

Lorsque nous nous apprêtions à passer à table pour le repas du soir, le cérémonial qu'il nous imposait était immuable. Il allait chercher une bouteille de Vieux-Pape, il l'ouvrait et nous demandait de réciter la prière consacrée, le Notre Père, sans nous hâter.

On levait alors les mains et les yeux au ciel. Il fallait détacher distinctement chaque mot de la prière. Pendant que nous nous exécutions, Magrita s'éclipsait. Elle se signait et j'entendais sa voix répéter : « *Ntondo-obe ! E mod angadzo na awoe ma, nye a osu, ma a mwus*… Seigneur ! Que celui qui cherchera à me donner la mort soit le premier à la subir ! » Puis elle priait, à part, le Seigneur de nous pardonner.

Le repas fumait sur la table, ses effluves montaient à nos narines et nous maudissions Karl Ébodé de nous imposer une si longue attente. Pendant que nous priions, il buvait. Les yeux fermés et le verre aux lèvres, il buvait religieusement son vin. Il nous arrivait de constater qu'à la fin de notre prière la bouteille de Vieux-Pape avait vécu.

L'ivresse avancée de mon père se reconnaissait quand il ne voulait plus s'exprimer que dans la seule langue de Voltaire. L'alcool provoquait en lui une irrépressible envie de parler français. Il affectionnait alors d'avoir ma mère à ses côtés, l'incitait à lui répondre en français. La pauvre femme le maniait mal. Magrita passait alors de bien pénibles moments. Pourtant, elle décida de mettre un terme à cette torture et de ne répondre à mon père que dans sa langue maternelle : l'éwondo.

Aux provocations de Karl, aux tournures savantes qu'il lançait avec faconde, cherchant à l'impressionner, voire à l'humilier, elle fit soudain crânement face. Les phrases de la langue de Molière, que Magrita comprenait à peine ou devinait, recevaient le tir de barrage des proverbes beti. J'ai conservé en mémoire quelques-unes des joutes oratoires qui eurent ainsi lieu à la maison. Très peu, en regard des nombreux échanges auxquels j'ai assisté. Quand ma mère lui reprochait de ne pas épargner assez d'argent pour construire une maison au village, j'entends encore mon père rétorquer, comme le faisaient ceux qui préparaient leur retraite sur le sol de leurs ancêtres : « Pierre qui roule n'amasse pas mousse. »

Osait-elle une remarque sur son manque d'ambition qu'il s'écriait : « N'oubliez jamais ceci, madame : Du passé faisons table rase ! Karl Ébodé n'est pas fait pour le village. Un ramassis de crétins et d'envieux y traînent leur ennui au milieu des serpents et des grillons. »

Elle n'abandonnait pas la partie et le mettait en garde : « *Okalga awolla wasse Onana Messomo !* », Méfie-toi de l'heure que donne la montre d'Onana Messomo ! Ce qui signifiait aussi : prends garde à ton propre statu quo. Onana Messomo était en effet ce chef beti à qui on avait offert une montre dont il ne savait pas se servir. Lorsqu'on lui demandait l'heure, il répondait invariablement : « Il est exactement la même heure qu'hier ! »

Mon père s'énervait : « Magrita, tu y vas fort ! D'abord, comparaison n'est pas raison ! Ensuite, je ne suis pas, madame Ébodé, un vulgaire conservateur. Tu ne peux pas m'assimiler à Onana Messomo ! Enfin, les ancêtres auxquels tu fais souvent référence disaient aussi que "chacun tient sa vie à deux mains". As-tu oublié le conseil d'Atangana Ntsama ? N'invitait-il pas les Beti à apprendre à vivre toutes les vies ? Et chacun à vivre sa vie ? Nous aurons toujours besoin de faire des changements pour éviter le piétinement. »

Mais elle revenait sur la nécessité de reconstruire ce que les années avaient détruit dans son village. Il sortait alors de ses gonds : « Bon sang ne saurait mentir ! J'ai mis le feu aux fesses des colons. Et je le mettrai à ce qu'ils ont laissé, s'il le faut. Ne me pousse pas à bout, Magrita ! L'histoire reconnaîtra les meilleurs. Qui vivra verra ! »

Et, quand nous pensions que mon père avait abattu là une carte décisive, ma mère reprenait la main : « Ce n'est pas à Douala que tu feras ton trou. Nos anciens disaient : *"Mane Idou a ne nkukuma a mane mbil woé !"* » assenait-elle, la petite souris est souveraine dans son petit trou.

Et nous suivions de près ce pugilat ; et nous écoutions sans intervenir. Ces échanges nous permirent d'assister à la confrontation de deux langues et de deux traditions : la culture urbaine de mon père contre la tradition paysanne de ma mère. Les deux langues avaient leurs qualités. L'une, le français, portait à un haut degré de jubilation le verbe paternel. Les jeux spirituels, le désir d'éloquence, le crépitement des phrases de Karl chantaient la modernité à nos oreilles. Mon père croyait réduire ma mère en bouillie. Il fallait être allé à l'école nouvelle pour utiliser le français comme il le pratiquait. Il avait aussi son dictionnaire qui lui fournissait des expressions latines : « Je te parle *hic et nunc* ! » ou encore : « Je peux dire : *Alea jacta est* ! puisque j'ai décidé de suivre telle ou telle voie désormais. » Et parfois : « *Volens, nolens*, c'est à moi de parler, Magrita ! »

Nous étions rompus à cet exercice et pensions que notre pauvre mère le subirait sans espoir de riposte. Mais elle s'arc-bouta sur sa langue maternelle pour donner la réplique à mon père. L'éwondo, aux accents de rocaille et de terre mouillée, permettait à ma mère d'exprimer sa pensée. Elle lâchait ses mots comme une pétarade vengeresse dont les impacts et les éclats creusaient des fossettes sur les joues de mon père. Elle visait et touchait juste ! Il n'appréciait pas la riposte, dans une langue qu'il voulait disqualifier. Elle parlait de choses concrètes : l'école des enfants, le mal de dents d'untel, la maladie des grands-parents, l'achat des marmites, le pagne promis à une tante, les lits dont les ressorts fatigués avaient cédé et attendaient d'être réparés, la construction d'une maison au village… Ce dernier sujet l'irritait. Ma mère enfonçait le clou : « Karl, il faut construire au village, si ce n'est pour toi, fais-le pour les enfants ! Eux au moins iront débroussailler la tombe de tes parents… »

Ma mère usait aussi de paraboles, aimait à s'envelopper dans les pagnes de la sagesse des anciens. La langue éwondo se faisait alors prévoyante et grave, quand le français qu'utilisait mon père se montrait ironique, pédant et musical. La position de repli précaire derrière laquelle elle s'exprimait fut fragile au début, avant de s'affermir au fil des joutes. Ma mère parvint ainsi à assener des vérités à mon père là où il s'était attendu à un simple badinage. Pour elle, la langue maternelle était un vaisseau spatial, capable de transporter son locuteur vers les planètes et les étoiles les plus lointaines. Les expressions si justes qu'elle utilisait n'étaient pas toutes traduisibles dans la langue de Voltaire. Lorsque Karl Ébodé se fâchait et voulait obliger ma mère à lui parler en français pour mieux la ridiculiser, elle lui murmurait, avec douceur : « Karl, ma langue est le seul véhicule qui me soit fidèle. Avec lui, je ne redoute pas de tomber dans le fossé comme lorsque je monte dans ce char d'assaut qu'est ton français. »

Et elle concluait, ayant bien compris que tout cela était un jeu, mais un jeu dangereux : « *O lam ai fianga, o koala ai mplali, o ke koap bebela a tii* » : Piège avec désinvolture, pêche avec dérision et tu trouveras la vérité au bout de l'hameçon.

Ma mère appréciait ce proverbe et nous le servait volontiers. Il voulait aussi dire : « Applique-toi à ce qui t'est capital. »

Mon père, qui était si prolixe, avalait sa salive et se taisait. Il m'avait murmuré un soir, lorsque ma mère lui avait demandé pourquoi il la tourmentait avec son français :

« Alors, Eugène, commença-t-il… J'ai certes combattu le pouvoir de domination de la France, mais j'ai décidé de conserver un lien avec la langue française. Avec elle, j'affirme que nous captons mieux l'esprit de leurs Esprits. Plus tard, nous ferons la paix, nous nous entendrons sur des bases équitables grâce en partie à cette langue qui nous raccorde et nous sustente. Magrita ne comprendra jamais cela… Elle ne fera aucun effort pour sortir de sa nuit des langues… »

Il avait adopté le français parce qu'il trouvait plaisant de se couler dans ses langueurs et ses beautés. Il pensait qu'il eût été stupide de vouloir faire des enfants métis à cette langue en l'additionnant à nos patois. Il revendiqua dans la foulée l'amour du vin des Gaulois. Il me confia aussi combien il avait été heureux de se trouver face à Charles de Gaulle, à l'Élysée. Il revenait souvent à l'« aparté mémorable des deux Karl ».

Il en parlait individuellement à ses enfants. Quand mon tour vint, il me dit :

« J'ai rencontré Charles de Gaulle en 1959, mon petit Eugène, la veille de l'indépendance des Crevettes. »

Il avait pris un ton sérieux et je tendis l'oreille. Il continua donc :

« Une délégation d'hommes politiques de notre pays avait été reçue à l'Élysée. J'hésitais à me lancer dans la course à la députation. J'étais alors conseiller municipal à Douala. Après les allocutions et les présentations d'usage, le chef du protocole de l'Élysée m'avait conduit devant le grand Général. On lui avait peut-être raconté mon amour du dictionnaire. C'est lui qui m'a offert le Larousse qui ne me quitte jamais. J'avais salué et remercié le Président avant de lui dire :

« "Deux Karl qui se rencontrent, c'est historique, non ? Vous êtes Karl de France, et moi Karl des Crevettes !"

« Le Général avait souri et il m'avait approuvé :

« "C'est exact !

« — Merci pour votre dictionnaire. J'aime la langue française, avait poursuivi Karl des Crevettes, mais sachez que vos gouverneurs, chez nous, ont terni la réputation de votre civilisation. Voilà ce que j'avais sous la langue et que je tenais à vous faire savoir.

« — Tous les gouverneurs ? Même Félix Éboué ?" avait malicieusement glissé le général de Gaulle. »

CHAPITRE 9

Les origines de la fantaisie

Mon père excellait dans l'art de raconter les histoires, ce que je n'ai jamais vraiment su faire. Il fut un temps où je rêvai de réaliser par l'écrit ce qu'il accomplissait au moyen de la parole. Je caressai l'espoir d'introduire dans les textes que j'avais entrepris de fabriquer en secret la même incandescence que celle qui jaillissait de sa langue.

J'avais douze ans, en ce temps-là.

Les difficultés du genre littéraire, la pénibilité de l'écriture, les sauts de concentration, les emballements, puis les satisfactions trompeuses, les pièges de l'exercice qui consiste à aligner des mots et des phrases en respectant cohérence et syntaxe me firent y renoncer. Il est assommant d'écrire ! Le temps passé à créer des ambiances, des personnages et à agencer ou inventer des mots constitue une drogue. J'en mesurais les travers avant d'opérer une longue cure de sevrage et de désintoxication. Durant cette période de mise à distance de mon désir d'écriture, je compris aussi combien les mots pouvaient devenir traîtres. Ils vous échappent, vous torturent, se prêtent à de multiples interprétations et combinaisons. Leur utilisation doit être précise, mais y parvenir n'est guère aisé tant l'univers auquel ils renvoient se révèle aussi ondoyant et fuyant qu'un mirage.

« J'ai cherché la flamme dans la femme… », m'avait dit mon père. La phrase m'est restée, tout comme la discussion qu'il avait eue avec Syracuse sur son retrait précoce de la vie publique. Son ami lui avait en effet reproché d'avoir renoncé à la carrière politique où son art oratoire lui eût assuré un bel avenir.

Mon père lui avait rétorqué : « Je n'aime les mots que pour leur fantaisie, pour le rire qu'ils déclenchent… »

Et il raconta comment, dans l'assemblée communale où il siégeait, l'usage des mots lui était apparu vide de toute substance. Au lieu de capter l'attention, les mots pour les mots n'attiraient plus que des bâillements ou une écoute courtoise et peu convaincue. Ils n'étaient plus utiles à la joie, ils enfantaient la lassitude et la mort. Au lendemain de l'indépendance, il avait constaté que Douala n'était plus devenue qu'un choc de paroles contre d'autres paroles. Dans l'assemblée communale, elles voltigeaient d'un banc à un autre, d'une tribune à une autre et ne tournaient plus, pour l'essentiel, que comme des toupies abandonnées à elles-mêmes.

Il avait ainsi justifié son retrait de la scène publique : « Les mots ne disaient plus rien. Ne servaient plus à rien. J'ai préféré les rigolades chez Effiong, le coiffeur, aux séances du conseil dont les longues délibérations invitaient plus à l'assoupissement qu'à la vie.

Sitoé, mon envie de dire correspond à une fureur de vivre ma vie. Il me semble que ce dire m'arrache à la solitude. La manière dont fut honorée la dette de Karl Kiribanga Ébodé méritait des éclaircissements. En restituant les différents épisodes de son règlement, j'ai voulu transmettre aux vivants non seulement l'histoire d'une bande d'amis, mais aussi l'aventure collective, les traumatismes individuels qui ont précédé ou accompagné l'indépendance du Pays des Crevettes.

J'ai donc tenté de trouver la flamme dans ce témoignage alors que le Patrouillard l'avait cherchée dans les femmes…

Quel fluide secret les attirait vers lui ? Les ressorts de sa séduction reposaient en premier lieu sur sa parole jubilatoire. Elle était à la fois joviale, explosive et ensorceleuse.

Joviale, elle mettait les rieurs de son côté. Explosive, elle jaillissait à la vitesse d'un éclair. Ensorceleuse, elle captivait son auditoire comme un lasso sa cible. Est-il besoin d'ajouter qu'il devait une part importante de ses succès auprès des femmes à ce talent-là ? Il y avait aussi sa manière de les envelopper du regard. Mais il ne se montrait guère attentif à ce qu'elles disaient ou pensaient. Seule comptait l'idée de les précipiter au pieu.

Après l'enterrement de mon père, l'adolescent que j'étais devenu avait tenté de rompre avec l'image qu'on me renvoyait de lui. Il me souvient que je passai un temps fou à poser devant les miroirs. J'en avais acheté un, de poche, que j'utilisais dès que j'en avais l'occasion dans l'espoir de contrôler ou de suivre les transformations de mon visage. La fréquentation assidue des miroirs me portait à réfuter toute ressemblance avec mon géniteur. Il y avait cependant toujours quelqu'un de mon entourage pour s'exclamer : « Cet Eugène, c'est le portrait craché de Kiribanga Ébodé au même âge ! »

« Vite, au miroir ! » me lançait une voix intérieure. Je retournais donc continûment aux miroirs, grimaçant devant la reproduction des traits de son visage que je ne voulais pas voir et encore moins admettre, essayant de me répéter que mon père et moi étions différents. Je me tirais la langue à moi-même, je défrisais mes cheveux ; ils devenaient lisses et brillants. Cela m'attirait les quolibets de mes camarades, moquant les allures féminines que me donnait ma coiffure. Je ne répondais pas. Je récusais toute ressemblance avec mon père dans le seul objectif de m'épargner les comparaisons que l'on fait entre pères et fils, entre générations ou entre vivants et morts. Mais, heureusement, tout n'était pas négatif dans l'héritage du Patrouillard.

Quelques-unes de ses maîtresses, acquises à l'idée que les fils héritaient des aptitudes de leurs géniteurs, me couvaient de regards insistants. Il fallait voir les caresses qu'elles me prodiguaient, les trémoussements du derrière qui s'emparaient d'elles dès qu'elles se croyaient débarrassées des regards indiscrets. Rien ne me pressait de céder à leurs propositions. Je ne tenais pas à m'engager dans une voie où je ne me sentais pas capable de rivaliser avec les capacités de Karl Ébodé. Ma timidité m'incitait aussi à la réserve. Toutefois, quelques-unes de ces femmes, aux fesses fermes et pointues, me pourchassaient jusque dans mes rêves. Je tirais des préjugés favorables qu'elles nourrissaient à mon endroit cette forme de fierté et de suffisance qu'affichent ceux qui s'estiment à l'abri du besoin. J'avais le temps et l'embarras du choix ! Je me réjouissais à l'idée que toutes ces femmes attendaient un signal pour s'offrir à moi.

Aussi, sans repousser leurs avances, je n'acceptais les invitations à dîner des anciennes maîtresses de mon père que lorsque leur réputation culinaire était solidement établie. Comme mon goût pour le rôti de porc-épic commençait à s'ébruiter, son fumet s'élevait, très souvent le même jour, dans plusieurs maisons où on espérait me voir paraître. Qu'aurait pensé ma mère si je m'étais aventuré sur ce terrain ? « Non seulement tu ressembles à ton père, mais voilà que tu suis ses traces ! » aurait-elle conclu.

Elle n'était pourtant presque jamais à la maison puisqu'elle passait son temps « au chevet » de mes grands-parents, à Mitouba. Mes frères, mes sœurs et moi nous nous étions organisés pour tenir la maison. Nous faisions le ménage à tour de rôle, et la cuisine aussi.

Chilane, une amie de ma petite sœur, me trouvait TBM (très beau mec), comme le dirait l'écrivain Sami Tchak. Je faisais le fier. Et, en me rendant chez les maîtresses de mon père, il m'arrivait de croiser la jeune Chilane dont les tresses dissimulaient mal l'éclat du regard où se lisaient ces petits reproches et ces grands appels auxquels on résiste si peu. Elle avait essayé de se convertir à la cuisson du porc-épic, mais sa recette ne pouvait rivaliser avec les plats des concubines du Patrouillard.

Les nombreux dîners que je pouvais accepter chez ces femmes, dont la plupart étaient mariées, me donnaient finalement peu d'occasions de m'attabler avec les miens. La marche de la maison, malgré les absences prolongées de ma mère, avait trouvé un équilibre auquel chacun contribuait, et nous faisions en sorte qu'il n'y eût pas de heurts inutiles entre nous. Je pouvais donc, en fonction des invitations à dîner ou à déjeuner qui me parvenaient, envoyer l'un ou l'autre de mes frères dans l'une des maisons où j'étais attendu mais dans laquelle j'avais décidé de ne pas me rendre. Ils y allaient en courant et se goinfraient sans se poser de questions. Quant à mes sœurs, je ne leur proposais les mêmes invitations qu'en de rares occasions. Je ne tenais pas à les associer à mes affaires.

D'ailleurs, avant de me rendre auprès de Thimoté Ichar pour le consulter au sujet de la dot, j'avais pris la précaution de réunir mes frères et sœurs. Je leur avais dressé la liste des femmes chez qui ils pouvaient aller en toute sérénité. Quand j'eus achevé la répartition des bonnes adresses où les uns et les autres sauraient trouver du soutien, on me souhaita bonne route. J'avais ajouté en les quittant : « Je compte régler cette histoire avant le début du championnat. »

La perspective de disputer le championnat de football de première division me portait à rêver à une rapide indépendance financière. J'avais déjà exposé ces arguments malgré l'opinion négative que ma mère avait constamment développée à propos du football. J'avais dans l'idée de commencer une carrière de footballeur amateur tout en poursuivant mes études. « Les récriminations de maman ne me feront ni chaud ni froid. De toute façon, elle ne s'occupe plus vraiment de nous », me répétais-je.

Les primes de match, l'aide du club, une bourse d'études me mettraient peut-être à l'abri d'un choix difficile. Ma mère ne me voyait que dans le rôle de l'érudit, du collectionneur de diplômes et dans les habits de l'ingénieur ; elle allait sans doute contester mes décisions. Elle le fit. Je n'en demeurai pas moins déterminé à imposer mes vues.

CHAPITRE 10

Aline Sitoé

Nous avions laissé Douala derrière nous, ses clameurs s'éloignant à mesure que nous traversions Bonabéri, ses rues bruyantes, encombrées de voitures, de piétons et de pousse-pousse. Une atmosphère plus rurale se présenta à nos regards. Des moutons et des chèvres apparurent. Le long de la route, des paysans, la houe accrochée à l'épaule et le ventre à l'air, l'allure rêvasseuse et fatiguée, prenaient la direction des plantations de café. La marche du car fut enfin régulière, et je me mis à somnoler. Mes interrogations se relâchèrent. La périphérie de Douala offrait davantage de sérénité. Avant de m'endormir, assommé par la fatigue et bercé par les vrombissements du moteur, je me souvins aussi de la montée d'une rumeur : Syracuse semblait sur le point de quitter Bafoussam pour une autre ville. Il avait, paraît-il, repris son projet de parcourir tout le Pays des Crevettes avant de revenir à Douala ou, pourquoi pas, de retourner à Lectoure, la ville du Gers dont il était originaire. Personne ne croyait vraiment à cette seconde hypothèse tant il proclamait partout sa « crevitude », c'est-à-dire son attachement au Pays des Crevettes.

Son tour des Crevettes, commencé depuis une dizaine d'années, l'avait déjà conduit à l'est du pays, au sud, puis à l'ouest. Il repassait toujours par Douala, avant de s'élancer à la découverte d'une nouvelle terre. Okola, Abong-Mbang, Kribi, Foumbot et Bafoussam n'avaient plus de secret pour lui. Mais Douala restait le lieu où il aimait venir se ressourcer auprès de ses amis.

Sur le chemin qui me conduisait vers Syracuse, je calculai rapidement qu'il se trouvait à Bafoussam depuis quatre années déjà et ce long séjour m'intriguait beaucoup. Il s'était également risqué à Foumbot, ville du pays bamoun, distante d'une poignée de kilomètres de Bafoussam, mais il s'en était vite lassé. La raison était simple : il ne s'y était pas trouvé à son aise. Il n'avait pu s'y faire des amis. Bafoussam et ses quartiers paisibles le rassuraient.

Ichar m'avait indiqué que Syracuse vieillissant, les tumultes de Douala ne l'enchantaient plus autant qu'il le prétendait. Il s'était même demandé si le climat plus frais et montagneux de l'Ouest n'avait pas réussi à séduire le Lomagnol. Il aurait en effet pu lui convenir, même si les douceurs campagnardes se révélaient moins excitantes que la généreuse et truculente Douala. Les maisons coniques et l'architecture particulière du pays bamoun avaient du caractère. Les coutumes préservées, l'artisanat bamiléké, le travail sur le bois et le cuivre, au même titre que la volonté des entrepreneurs locaux de faire de Bafoussam l'une des plaques tournantes du développement du pays, donnaient des atouts à la région. Tous ces éléments retenaient et divertissaient peut-être Syracuse.

Sous les nuages de poussière ocre que les voitures soulevaient, Bafoussam, cité faussement revêche, rétive aux excès, à la débauche comme aux emportements irraisonnés, poursuivait son ambition : devenir une contrée active et modèle. Elle cherchait à gommer à tout prix qu'elle avait été l'une des bases de repli du radicalisme indépendantiste.

En traversant les faubourgs, j'essayais toujours de comprendre comment Bafoussam avait réussi le tour de force d'apprivoiser Syracuse. Quel homme allais-je retrouver ? Qui était réellement cette Katrina qui semblait avoir une grande influence sur lui ?

Il avait plu un peu avant notre entrée à Bafoussam. La terre rouge et mouillée collait aux chaussures et nous faisait glisser. Je n'étais pas habitué à marcher sur cette terre argileuse. Je tombai, souillant mon pantalon. Un peu honteux, je finis par me dire que l'important était de trouver la maison de Syracuse et de le convaincre d'assister à Mitouba aux noces inédites que j'ambitionnais d'organiser.

Dès que je frappai à sa porte, il me reçut tout sourire :

« Je t'attendais, j'ai reçu ta lettre. »

Et il me prit dans ses bras. Il ne transpirait pas. Il aborda le sujet qui lui brûlait les lèvres :

« Assieds-toi. La nouvelle de la disparition de ton père m'a bouleversé. J'ai souffert de n'avoir pu assister à ses obsèques. As-tu reçu mes derniers cadeaux ? »

J'opinai de la tête avant de préciser :

« Ils étaient très beaux comme d'habitude. Comment va ta santé ?

— Mieux, beaucoup mieux. Qu'est-ce qui t'amène ? me demanda-t-il.

— Mon père. Le moment est venu de tenir la promesse que je lui ai faite il y a deux ans. Je pense qu'il sera content de voir tous ses amis réunis pendant la cérémonie que je prépare.

— C'est du sérieux, dis donc ! Quand a-t-elle lieu ?

— Le 5 septembre.

— J'ai promis à Katrina de l'accompagner en brousse dans quelques jours. Tu ne connais pas Katrina ; je te la présenterai. Je serai à Douala, dit-il.

— Non, pas à Douala. C'est à Mitouba, au village de ma mère, que la cérémonie de la dot doit se tenir. Le 5 septembre… »

Il consulta un cahier jauni où il consignait ses rendez-vous et me lança :

« C'est bon, je n'ai pas d'engagement dans la première quinzaine du mois. Tu peux compter sur ma présence, je viendrai. Ça me fait drôle de te voir parler d'un sujet comme celui de la dot…

— C'est celle de ma mère.

— Karl t'a donc demandé de t'en occuper ? C'est surprenant ! » fit-il en fronçant les sourcils.

Il prenait cela pour « un curieux revirement » du Patrouillard. Il dit :

« Il s'est pourtant, toute sa vie, farouchement opposé à la dot.

— C'est vrai, admis-je. Mais il a fini par se dire que cela avait beaucoup peiné ma mère.

— Raconte-moi ça ! »

Je ne me fis pas prier et je lui rapportai les derniers instants de la vie du Patrouillard.

Syracuse m'écouta et accepta d'être une fois de plus mon parrain lors de la cérémonie de la dot. Entre-temps, une femme nous avait rejoints et je pensai aussitôt qu'il s'agissait de Katrina. Mais j'avais en face de moi une jeune femme portant des talons hauts qui claquaient sur le ciment.

« Voici mademoiselle Djonkap ! exulta Syracuse. C'est l'une des fées qui me retiennent dans ce pays. Ses mains, plus que tout autre médicament, sont les seules qui guérissent mes articulations de l'arthrose. Mademoiselle est magnétiseuse ! »

La magnétiseuse tenait à la main un sac en osier. J'observai avec curiosité la longueur de ses ongles et pensai qu'ils devaient présenter une gêne dans l'exercice de son métier. Elle avait de belles tresses qui lui descendaient le long des épaules.

« Eugène, l'heure de ma séance hebdomadaire de massage a sonné. »

Syracuse m'offrit à boire et me tendit un bol rempli de graines d'arachide que je me mis immédiatement à grignoter. Puis il se leva, et la magnétiseuse lui emboîta le pas. Ils disparurent bientôt dans une pièce de la maison. Il revint néanmoins sur ses pas et me lança :

« À tout à l'heure ! Si quelqu'un arrive, dis-lui de prendre place et n'hésite pas à lui offrir à boire. La cuisine est là, sur la gauche. »

J'en étais encore à repenser aux déhanchements et aux jambes interminables de la masseuse quand de petits cris me firent dresser l'oreille. Quelqu'un pleurait ou couinait. Un drame s'était-il produit ? Syracuse se trouvait-il mal ? Je tendis de nouveau l'oreille, en proie à l'inquiétude. Ce n'était pas un homme, mais une femme qui couinait. Les couinements enflèrent progressivement au point de devenir des râles suivis de halètements. La séance de magnétisme me semblait prendre une bien étrange tournure.

« Encore !... » supplia une voix.

Puis des « ahan, ahan ! » parfaitement masculins succédèrent aux miaulements de chatte. Peu de temps après, une longue plainte s'éleva, déchirant les airs. Puis des paroles hachées se bousculèrent dans la bouche de la magnétiseuse, en langue bamiléké et en français :

« Là ! là ! là !... »

J'entendis un glapissement. « Cette fois, ça va mal », pensai-je.

Et le glapissement se prolongeait. Fallait-il

appeler au secours ? Devais-je intervenir ? Une vertèbre, me semble-t-il, craqua. Syracuse étouffa un miaulement. Ronronna de plaisir. Ah, diable, ils faisaient la chose... Et j'eus alors moi-même l'impression, devant cette révélation soudaine, d'avoir un peu mal au dos ! Et si j'allais à mon tour proposer mon corps à la magnétiseuse ? Je ne bougeai plus de ma chaise. Ou plutôt, j'eus envie de courir aux toilettes, mais je restai assis. Quelques minutes plus tard, je vis revenir un Syracuse débraillé et en nage. Il alla prendre un bain, suivi par la magnétiseuse. Ensuite, ils revinrent vers moi avec quelques boissons dans les mains. En se penchant vers mon verre pour me servir, la jeune femme dévoila un sein rond dont le téton était encore outrageusement dressé. Je n'eus même pas la force de détourner mon regard. Un truc bougea dans mon pantalon. J'eus honte et serrai les cuisses pour dissimuler ma gênante protubérance. Quand la magnétiseuse sortit de la maison, Syracuse parla :

« La vie est vraiment extraordinaire dans ce pays. Tu n'imagines pas, mon petit Eugène, à quel point une sacrée violence se cache derrière la componction des attitudes des gens d'ici. J'ai fini par aimer ça ! Ce monde double me fascine. Derrière son apparente docilité, ce pays dissimule bien ses pulsions libertines, sa froide détermination et sa parfaite science de la sexualité. Tu es grand maintenant et tu peux entendre ça. Veux-tu des ananas ? Les meilleurs du pays se cultivent aussi sur les coteaux des montagnes de l'Ouest.

— Oui, je veux bien », répondis-je en avalant difficilement ma salive. Les tétons de la voluptueuse Djonkap m'étourdissaient encore.

Il m'apporta des ananas, s'excusa de me laisser seul un moment et alla s'habiller. Après le départ de la magnétiseuse, il m'interrogea sur ma mère et prit des nouvelles de mes frères et sœurs. Nous allâmes nous promener car il voulait me faire découvrir la ville. Il me parla beaucoup de la géographie, du climat et des saveurs culinaires de la région. Il me promit de me présenter à Katrina.

« En réalité, c'est elle qui me retient ici », avoua-t-il.

Dans la soirée, alors que je m'apprêtais à aller au lit, on sonna à la porte. Une dame âgée entra. Syracuse s'écria aussitôt :

« Katrina ! Eugène, voici Katrina ! »

Elle me semblait beaucoup plus vieille que Syracuse et je me demandai quel service elle avait bien pu lui rendre et quelle place elle occupait dans la vie de mon hôte. Elle avait sûrement dépassé les soixante-cinq ans, alors que Syracuse en accusait dix de moins. Il ne fit aucun commentaire et se tourna sans tarder vers elle, comme s'il l'avait attendue depuis cent ans :

« Viens, cocotte, nous avons une urgence à traiter. »

Il me prévint :

« Si quelqu'un se présente, tu n'ouvres pas ! »

Et, de nouveau, de petits cris feutrés se firent entendre dans la pièce où Syracuse et Katrina s'étaient engouffrés. Puis un rugissement de Syracuse me fit sursauter... Il se faisait encore masser. Il tomba même du lit, déboula tout étourdi dans le couloir comme s'il voulait échapper à une tornade. Il happa au vol une grappe de bananes qui pendait à une poutre de la maison et retourna aussitôt à la source de son extase.

« Katri... Katrina... Waouh !!! »

Le lendemain, lorsque je me retrouvai avec Syracuse, il me parla de Katrina :

« C'est une ancienne prêtresse des savanes, commença-t-il. J'ai pensé partir de ce pays, mais l'idée m'est venue de découvrir des femmes et des hommes gardiens de la mémoire. J'ai ainsi pu assister à une cérémonie que la prêtresse dirigeait. Il y avait foule. Elle avait revêtu les habits d'apparat qu'elle ne porte que tous les six ans. J'ai dû insister pour la rencontrer après la cérémonie. Cela m'a été refusé. Alors, je me suis dit que je ne quitterais pas cet endroit avant de connaître Katrina. »

Syracuse me raconta comment l'affaire avait été réglée à son avantage :

« Cela a pris des mois. Un notable de son village a fini par me la présenter. Heureusement, elle parlait le français et nous avons fait connaissance. Puis j'ai voulu la revoir en dehors de la présence des siens. Elle est venue à Bafoussam. Elle y revient très régulièrement maintenant. »

Il avait hésité avant de se résoudre à poursuivre :

« Tu es jeune, mais tu es sur le chemin des grands. Foin de mystères ! Les hommes ont toujours eu peur d'elle et aucun ne s'est occupé de la femme qu'elle est. Vous dites ici que les vieux et les vieillards sont précieux, mais vous croyez tous que la carrière sexuelle d'une femme s'interrompt avec ses premières rides. Je peux te dire que derrière cette peau qui n'a plus toute sa fermeté, malgré ces seins qui tombent comme des sandalettes et ces yeux plissés par la fumée, ces joues creusées par la fatigue, il y a une femelle à l'énergie démente. Au-delà, il y a un être qui sait et, surtout, qui sait donner. Avec elle, je passe mon temps à m'imprégner de sa science de la tendresse et de sa connaissance des mystères de l'Afrique. Elle me rappelle une femme qui n'échappera jamais à mon souvenir… »

Syracuse s'était tu avant de poursuivre :

« Elle me parle et me guérit de mes vieilles blessures. Nous en avons chacun notre lot. Il faut se sentir pleinement membre de cette terre pour rayonner comme Katrina. Alors je travaille à mon tour à lui redonner la saveur oubliée des ébats. Puisque tu es sur le chemin des adultes, n'oublie pas, à Mitouba, de planter l'arbre du désir. Karl a toujours rêvé de le faire. Réfléchis-y. Tu réaliseras l'un de ses vœux. Je ne peux te dire à quoi correspondait cette envie chez lui. Mais je m'en souviens maintenant. »

Katrina était entrée et s'était mêlée à la causerie.

« Vous parlez d'un arbre ?

— Oui, cocotte, dit Syracuse.

— Avant de creuser la terre qui doit le porter, il faut aussi que celui qui tiendra la pioche s'entoure du conseil des sages. »

J'avais sursauté. S'entourer du conseil des sages ? Où allait donc m'entraîner cette conversation ?

« Qui sont-ils ? Où sont-ils ? demandai-je.

— Tu es sympathique et c'est pourquoi je te donne le nom d'une femme exceptionnelle : Aline Sitoé Diatta ! Lorsque tout te paraîtra perdu, confie-toi à Aline Sitoé Diatta !

— Qui est-ce ? avais-je fait.

— Une rebelle, un talisman. On la croit morte, mais elle vit. Son histoire est incroyable… Écoute-moi bien !… »

Et c'est Katrina qui me raconta l'histoire de cette dame qui fut d'abord bonne à Dakar et qui entendit une voix lui dire sur le chemin de son travail : « Rentre chez toi. »

« Deux, puis trois fois, elle entendit la même voix, suivie enfin de cette menace : "Rentre chez toi ou il t'arrivera un malheur."

« Quelques jours plus tard, elle est tombée malade. Paralysée. Elle a donc quitté son métier de bonne à tout faire d'un colon de Dakar pour partir vers la Casamance. Aussitôt arrivée, elle a vu sa vie se transformer. Elle a recouvré la santé et s'est découvert des capacités extraordinaires.

Elle a inventé un nouveau calendrier conforme aux saisons de son pays ; elle a guéri les malades, elle s'est attachée à faciliter la vie des femmes avant de s'occuper de celle des hommes. Et c'est ainsi qu'elle a rapidement été reconnue digne d'être Reine de Casamance grâce à son pouvoir charismatique et aux services qu'elle était désormais capable de rendre à son pays. Par la suite, elle s'est opposée à l'administration coloniale. Pendant deux ans, elle a refusé la levée de l'impôt du riz pour financer l'effort de guerre, si coûteux en Casamance. Elle a d'ailleurs réformé l'agriculture et l'enseignement, faisant en sorte que l'économie de la région fût d'abord tournée vers l'alimentation locale et non vers l'exportation. »

Et Katrina avait conclu :

« Au motif que cette femme ne respectait je ne sais quel accord-cadre réglant les rapports entre la France et la Casamance, elle a été arrêtée pour insubordination vis-à-vis de l'autorité supérieure. Elle a été déportée. On dit que personne ne sait ce qu'elle est devenue. Moi, je le sais. Alors, quand on se quittera, si tu te souviens de cette conversation, et si tu as besoin de conseils, demande de l'aide à Sitoé. Où que tu sois, je lui transmettrai ton message. »

J'avais dit :

« Où se trouve-t-elle ?

— Chut !… »

CHAPITRE II

Une vengeance

Je ne connaissais pas grand-chose des origines de l'amitié entre mon père et Syracuse. Avant de quitter Bafoussam, je voulus en avoir le cœur net. J'étais davantage guidé par la curiosité que par un raisonnement construit. À ma question, Syracuse garda un petit silence et, faisant coulisser sa serviette sur son cou, il me dit :

« Je travaillais dans l'administration coloniale… Dans les services du Gouverneur du Pays des Crevettes, M. Franck Vasco. Nous nous occupions des relations avec les indigènes. Je dis "nous", car il y avait également là Thierry Fougères, un ami avec qui je partageais les mêmes sentiments sur l'Afrique. Nous étions venus échanger nos savoirs et nous baignions dans tout autre chose. Thierry était sur le point de retourner à Paris où sa mère le réclamait, ne cessait de verser des larmes et redoutait que son fils ne revienne jamais d'une aventure tropicale qui prenait des tournures tragiques. Elle-même connaissait quelques soucis familiaux et espérait que son fils serait en mesure de les régler. Toujours est-il que c'est Thierry qui, peu avant son départ définitif du Pays des Crevettes, vint me demander de m'occuper de quelqu'un qui hantait nos bureaux à la recherche d'un certificat de port d'arme. Thierry me l'avait présenté en ces termes : "Un homme qui dit s'appeler un 'indigène qui va être heureux' est dans mon bureau. Je n'ai pas le temps de m'occuper de son affaire. Je te l'envoie ?"

« Intrigué par ces mots, j'avais accepté de le recevoir. C'était Karl Kiribanga Ébodé. Sa bonhomie, son rire, sa dégaine mettaient à l'aise. Il voulait effectivement obtenir la délivrance d'une autorisation de port d'arme. Personne ne pouvait la lui donner dans le climat de tension qui régnait dans le pays à ce moment-là. Le couvre-feu durait depuis des mois, et Douala était l'objet d'un quadrillage militaire sévère. Il nous était interdit de remettre à tout autochtone une telle autorisation. Toutes celles qui existaient venaient d'ailleurs d'être déclarées illégales par décret du Gouverneur. De plus, tous les détenteurs d'une arme à feu avaient reçu l'ordre de venir la déposer au gouvernorat, sous peine de sanction. J'expliquai ce que tu viens d'entendre. Mais Karl me déclara alors : "Nous avons notre fête traditionnelle dans quelques jours. Ce que je vous demande, c'est de pouvoir utiliser nos lances pour la danse des guerriers. Venez y participer, vous êtes nos invités. — Des lances pour la fête ?" fis-je.

« Il nous avait tant et si bien embobinés que l'autorisation lui fut donnée. C'est moi qui lui ai remis le fameux papier. Je crois que nous avons échangé des regards de confiance. Il est donc revenu me remercier le lendemain, et nous avons pris notre premier verre ensemble, puis d'autres… Il m'avait fait découvrir le kembé, et moi, je ne tardai pas à l'initier au Vieux-Pape. Mais ce n'est que plus tard que j'ai appris les vraies raisons de la présence de Karl dans les bureaux du gouvernorat. Karl était déjà membre d'un maquis. Il prévoyait de monter une expédition punitive contre le Gouverneur en personne. Un pari fou !

— D'où lui était venue l'idée de s'attaquer au Gouverneur ?

— Il y avait d'abord eu l'arrestation de Hagbè, le chef d'un village bassa situé sur les rives nord du fleuve Sanaga. Il était accusé de collusion avec le maquis et on soupçonnait son village de servir de base de repli aux troupes du redoutable révolutionnaire Um Nyobè. Hagbè niait avoir un lien avec l'organisation insurrectionnelle et il avait refusé de donner les noms des maquisards qu'on lui réclamait ainsi que ceux de ses administrés qui lui portaient assistance. Il fut condamné à une peine inédite : essuyer pendant trois mois les fesses du personnel masculin qui travaillait dans la résidence du Gouverneur. Thierry et moi avions refusé de nous livrer à cette mascarade. Mais elle avait plu à beaucoup qui trouvaient là une plaisante manière de travailler dans les colonies puisqu'on n'avait même plus à se torcher le cul soi-même. Au terme de sa peine, le chef du village était sorti à moitié fou des toilettes du palais. C'est pour le venger que Karl imagina l'expédition punitive. Et c'est dans ce dessein qu'il était venu jouer les espions au palais. L'autorisation de port d'arme n'était qu'un prétexte pour sympathiser avec les hommes du gouverneur. Karl voulait connaître l'emploi du temps de M. Vasco avant de mettre en œuvre le scénario des représailles. »

Syracuse m'informa qu'ils étaient rapidement devenus amis, mais qu'il ne fut que tardivement informé des projets du Patrouillard. Il avait risqué, en entrant en amitié avec un Nègre, un renvoi en métropole ou, pire, une arrestation pour haute trahison et intelligence avec l'ennemi. Mais il avait bravé les interdictions. Durant la même période, Karl était devenu un personnage écouté de la guérilla que livraient les indépendantistes. Les soins qu'il prodiguait aux blessés s'étaient intensifiés. L'accélération des actions de harcèlement contre les autorités, suivie de sanglantes représailles, donnait du travail aux personnels soignants. Je savais tout cela, mais les faits qu'allait me rapporter Syracuse m'étaient inconnus. Il me dit encore :

« Karl eut néanmoins l'élégance de m'avouer ce qu'il envisageait de faire, après qu'il aurait amassé les renseignements qu'il jugeait utiles. Je dois dire que ce qui me surprit, c'est que ton père ne me demanda jamais d'informations sur mon travail. L'amitié qui nous unissait le poussa à me tenir éloigné du projet qu'il voulait réaliser. Avant la mise à exécution de celui-ci, il m'avait expliqué ses motivations en disant : “Un chef blanc a baissé la culotte d'un chef noir ; un tel affront ne se lave que par la main de celui qui l'a commis”. » Syracuse avait ajouté :

« À la suite de cette conversation avec ton père, j'ai très vite demandé à être déchargé de mes fonctions pour entrer dans une entreprise commerciale. Les appuis parisiens de Thierry Fougères m'ont aidé à l'obtenir. Les affaires ont bien marché. Après l'indépendance, j'ai été nommé directeur général de l'entreprise avant d'en devenir l'un des principaux actionnaires. La société a aidé le maquis, puis ton père lors de ses campagnes électorales.

— Et le projet de mon père contre le Gouverneur ?

— Karl avait appris que M. Vasco se rendait souvent dans une crique proche de Limbé, qu'on appelait Victoria à l'époque. Je ne connaissais pas l'existence de cette beauté de la nature. C'est un lieu étourdissant. Merveilleux. Il y avait là l'un des plus beaux paysages de bord de mer, l'un des plus phosphorescents qu'on puisse admirer dans ce pays. J'y ai moi-même contemplé un mélange de lumière et de couleurs impossible à décrire lorsque, au coucher du soleil, la terre fait mine de tourner de l'œil, vire d'une teinte à une autre, dévoilant des figures et des graphismes inouïs. Ébahissements. Enchantements. Le Gouverneur avait besoin de s'y plonger, à l'écart de l'agitation de Douala, à l'abri des regards, même de ses familiers. Au début de ses escapades, quand Franck Vasco commença à fréquenter cette crique, il paraît qu'il y débarquait au milieu d'une imposante escorte. Mais celle-ci restait à distance et, le lieu étant en apparence vide, ignoré de tous, il ne vint plus qu'accompagné de son seul chauffeur. Un dimanche matin donc, le Gouverneur débarqua sur la crique, les sifflotements à la bouche. Il ne se doutait de rien et s'apprêtait à sacrifier à sa petite promenade sur le promontoire qui dominait la baie ; il ne put ni embrasser des yeux ce qu'il appelait son "domaine" ni inspecter la floraison des hibiscus. Comme il adorait les hibiscus ! Il cueillait leurs fleurs et les suçait à la manière des indigènes. C'était bien là le seul geste qu'ils avaient en commun. Il n'eut pas le temps de quitter son casque colonial et de se faire enlever ses lacets par son chauffeur ; il ne put ce jour-là ni fumer sa pipe ni faire un plongeon dans l'eau dont le calme écoulement l'invitait à s'y ébattre sans délai. Des hommes aux visages peinturlurés l'entourèrent avec la soudaineté de la foudre. Ils avaient des colifichets aux pieds et aux poignets. Des grelots pendaient sur leurs sexes et les rallongeaient terriblement. Certains se dressaient et tintinnabulaient. "Les macaques ! jura Vasco, entre ses dents. Ils osent perturber mon extase !"

« Les grelots et les breloques se mirent à

s'agiter, à sonner pendant que le sol résonnait d'inquiétants pas de danse. Franck Vasco eut d'abord un frémissement, puis une ride se forma sur son front. C'était l'exaspération d'un supérieur troublé dans sa concentration par une horde de subalternes. Les pas de danse se firent plus lourds. Vasco sourit, comme pour amadouer le groupe des danseurs dont il ne pouvait reconnaître les visages. À travers les peintures, brillaient des yeux rougis et inquiétants, comme si les danseurs avaient fumé du *nkou*. On ficela bientôt le chauffeur, on lui banda les yeux. Des voix crièrent au Gouverneur comme dans un prétoire :

« “Accusé, présentez-vous ! Qui êtes-vous ?

« — Franck Vasco, Gouverneur des Crevettes !

« — Vous êtes donc le vantard qui n'en finit pas de profaner un territoire sacré ? Ici, les gens ont pris l'habitude de ne pas se précipiter pour voir jusqu'où la bêtise ou le mépris peuvent conduire. Vous, vous avez passé les bornes. À plusieurs reprises, on vous a vu gifler les morts, ici.

« — Moi ? Mais je n'ai jamais vu un seul cadavre dans cette crique depuis que je la fréquente, protesta Vasco.

« — Voici l'aveu ! Vous confirmez donc le rapport des sorciers ! Non seulement vous admettez avoir pris ce lieu pour votre chambre, mais vous osez prétendre n'avoir pas entendu les hurlements des morts que vous écrasiez !...

« — Écraser ? Moi ? fit le Gouverneur.

« — ... de votre suffisance ! Cette terre vomit

les fanfarons de votre espèce ! Vous ne prenez pas garde où vous mettez les pieds. Comment expliquez-vous le fiasco dans lequel vous, Vasco, et ceux qui vous ont envoyé avez sombré ?”

« Et Vasco baissa la tête.

« “C’est parce que nous avons le sens de l’être que nous veillons à la force de sa culture. Nous avons aussi le devoir de vous guérir du virus de la fanfaronnade. Les esprits supérieurs l’ont ordonné. Choisissez votre sanction : vous faire sodomiser par un gorille ou…”

« Le Gouverneur avait lancé un regard terrorisé en direction de la forêt. Un gorille, sorti de la brousse, s’avança vers eux. Il entama aussitôt une furieuse danse érotique autour du Gouverneur. Celui qui dirigeait les opérations reprit :

« “Vous n’avez jamais cru en notre bonté d’âme !”

« Un silence tomba sur le groupe, puis le porte-parole souffla encore le froid dans le cou du Gouverneur :

« “Et vous avez eu tort de croire que vous étiez le maître absolu de ce lieu. La cérémonie que vous allez vivre est nécessaire au rétablissement des usages que vous n’avez pas respectés. Gorille !

« — Non, pas lui ! fit le Gouverneur en voyant le gorille bander.

« — N’ayez crainte, on n’est pas des sauvages. Votre salut passe par la stricte observation de trois points : vous allez d’abord danser, nu, avec la troupe de revenants qui vous entoure. Ensuite, vous enlèverez les crottes de nez qui encombrent les grosses narines des revenants, et enfin, vous les avalerez, toutes ! Si une seule se perd, nous laissons le gorille se défouler."

« La voix de Karl, qu'il ne pouvait reconnaître au milieu de la troupe de gens peinturlurés qui l'entouraient, s'éleva pour conclure :

« "Enfin, vous, Franck Vasco, vous torcherez tous ces hommes, après qu'ils auront déposé sous vos yeux les semences dont ce sol a besoin, vu la profanation qu'il a subie. Vous torcherez à mains nues ces culs nègres." »

Syracuse, qui avait été emmené là, et qui suivait la scène d'un poste d'observation à partir duquel il ne pouvait être vu, m'affirma que le Gouverneur, qui aimait trop la vie, s'exécuta avec la docilité d'un matou.

CHAPITRE 12

Kamga ne répond plus

Depuis la mort de Karl Ébodé, je n'avais pas revu Kamga. À la maison, nous avions été surpris par le silence dans lequel il s'était muré. On avait d'ailleurs dû le forcer à assister à l'enterrement de son ami. Il me revenait que durant la cérémonie funèbre Kamga était apparu chancelant, brisé. Il tremblait et avait passé son temps, devant la tombe de son ami, à remuer un papier au fond de sa poche. Celui-ci crissait de manière désagréable. Lorsque l'abbé Alphonse avait demandé qu'un proche de mon père prenne la parole comme cela avait été prévu pour un dernier hommage, Kamga avait esquissé un geste, puis il s'était ravisé. On avait eu peur qu'il ne plonge dans le trou, la tête la première. Il avait fait signe qu'il renonçait à parler. On l'avait traîné hors du cimetière. Je l'avais ensuite perdu de vue. Il était passé à la maison une ou deux fois, mais sans prononcer le moindre mot. Ma mère avait bien tenté de lui arracher quelques propos anodins, mais en vain.

Il repartait, enfermé dans son silence. Seul le commissaire Bakio Garba paraissait en mesure de le retrouver.

« Finalement, je crois que nos vies ne sont faites que de vexations contre lesquelles il faut cependant se dresser », avait attaqué Bakio Garba lorsque je m'étais assis dans l'un des fauteuils de son bureau.

La veille, dans sa villa de Bonabéri, j'avais été reçu chez cet homme affable dont le regard brillait d'intelligence. De tous les amis de mon père, il était celui que j'avais le moins connu. Les contraintes de son métier l'expliquaient largement, mais il y avait une autre raison à cela : la crainte que l'uniforme inspire en général aux enfants ne m'encourageait pas à rechercher sa compagnie. De plus, la douleur qu'il m'avait jadis causée avait été longue à disparaître. J'étais tout petit lorsque le bon commissaire Bakio se rendit en effet coupable d'un terrible acte de cruauté à mes yeux d'enfant.

Mon père donnait une réception pour fêter le quinzième anniversaire de son installation à Douala. Il avait réuni ses amis : le débonnaire et lymphatique Kamga était là ; Syracuse, mon parrain, volubile et transpirant, venait de me déposer plein de cadeaux dans les mains et j'étais parti dans ma chambre. Pour je ne sais plus quelle raison, j'étais revenu au salon et mon regard était tombé sur un pistolet. Ichar n'était pas loin. Il souriait béatement ; mon père narrait comme à l'accoutumée une histoire abracadabrantesque, et les gorges déployées des convives produisaient un roulement continu de gloussements et de rires mêlés d'étouffements. Le tout nouveau commissaire divisionnaire qu'était alors Bakio avait déposé son arme de service sur une commode de la salle à manger. Pendant que les derniers invités s'interpellaient et s'embrassaient, se congratulaient, se donnaient des accolades épaule contre épaule ou front contre front, j'avais décidé, négligeant les jouets qui envahissaient ma chambre, de me saisir du pistolet. Je m'étais emparé de l'arme rutilante. Et, d'un mouvement rapide, je m'étais élancé vers la cour, pointant le colt sur les chats et les chiens errants. Je me figurais dans un champ de bataille, dans la peau d'un cow-boy ; j'avais été à deux doigts d'appuyer sur la détente dont le chien était relevé. Un petit compagnon de jeu était venu me rejoindre. Le revolver pointé dans sa direction, j'avais fait « pan », avec la bouche.

Dans la salle à manger de la maison, les adultes continuaient à s'esclaffer et à rire comme des bossus, loin du danger que je courais et de la menace que je faisais peser sur mes petits camarades de jeu. Les bruits des couteaux et des cuillers, les éclats de voix et les conversations couvraient mes « pan, pan, pan ! » dans la cour. J'y tenais en joue les animaux et tout ce qui bougeait. Agacés par mon manège, les pigeons, assoupis aux quatre coins de la cour, s'envolaient à tire-d'aile, mais leurs mouvements désordonnés ne contribuaient qu'à accroître mon excitation. Quelques enfants du quartier m'avaient rejoint. Ce fut, je crois, l'un d'entre eux qui, vexé de n'avoir pas pu s'emparer du revolver, alla cafter. Le commissaire était brusquement sorti de table, et, d'un bond, il fut sur moi. Il me saisit si fermement que mon poignet resta longtemps endolori. Prit ma main, dirigeant l'arme vers le ciel au cas où un coup de feu serait parti. Puis il me plaqua au sol, au moyen d'une imparable prise de judo, avant de récupérer le pistolet que je venais de laisser choir. Pour montrer à quel point l'objet que j'avais subtilisé était dangereux, il fit feu sur le premier chiot qui passait devant nous. La balle lui arracha la tête. C'était mon Ekari, mon petit chien ! Il payait de sa vie le prix de mon incartade. Des rires éclatèrent derrière mon dos et je me mis à pleurer. J'étais terrifié par la succession d'événements qui avait abouti à la disparition d'Ekari.

Le repas avait été interrompu. Un attroupement s'était vite formé autour de moi. Je chialais. Insensible à ma douleur, on me gronda de tous les côtés. Puis, s'adressant à ma mère, quelqu'un cria dans mon dos :

« Que celui qui a fait monter l'âne au sommet du minaret le fasse descendre ! Bakio n'avait pas à laisser traîner son revolver ! C'était donc à lui de régler cette affaire ! »

La même voix continua :

« Magrita, tu nous cuisines ce chiot et on vient dévorer ça demain ! Pour guérir les molles banderies du bangala, les os des chiots sont plus efficaces que le gingembre ! »

Un autre convive avait surenchéri :

« Alors, qu'est-ce qu'on attend pour dépecer ça ! La bête est encore chaude !

— Oui, c'est le moment », fit une autre voix qui acheva de me désespérer.

Mes sanglots redoublèrent d'intensité. L'invité qui voulait manger le chiot demanda un couteau. Il l'obtint, trancha ce qui restait de gorge au malheureux animal et se mit à le dépecer. Mes cris ne furent d'aucune efficacité devant la précipitation à découper la pauvre bête.

Cet événement, plus que tout autre, contribua donc à froisser mes rapports avec le commissaire. Le temps et les manières en réalité très douces de Bakio Garba devaient néanmoins atténuer mes aigreurs et cicatriser mes blessures. Lorsque, grâce à Bakio, je reçus mon baptême de l'air à bord d'un avion militaire entre Douala et Yaoundé, notre différend cessa. Peu après le décollage de l'avion, la sensation d'arrachement à la terre puis le sentiment d'élévation qui m'avait envahi me guérirent de la rancœur qui m'avait jusqu'alors habité.

Le physique du commissaire était plutôt menu. Le cheveu très court sous le képi, le regard perçant, mais qu'il savait adoucir, le geste mesuré, la voix feutrée, tels étaient les éléments déterminants qui se dégageaient de sa personne.

Tout au long de mes pérégrinations pour retrouver les amis de mon père, j'avais eu le pressentiment que Bakio serait parmi les quatre hommes, et ce malgré la brièveté de nos rencontres, le seul que je n'aurais aucun mal à convaincre de venir à Mitouba. Il était partisan de l'ordre et la dot de ma mère lui apparaissait comme un devoir. Même des obligations de service n'auraient pu le contraindre à manquer notre rendez-vous.

Haut fonctionnaire, et par conséquent soumis à la mobilité professionnelle, il était, lui aussi, revenu à Douala après plusieurs affectations dans le Nord-Ouest et à Ongola. Sa femme, originaire de la partie anglophone du pays, me portait une affection ostentatoire, de sorte que je me blâmais de ne pas leur rendre ces visites régulières qu'elle encourageait et que je m'obstinais à négliger ou à repousser par nonchalance ou par oubli.

Quand j'étais entré dans sa coquette villa de Bonabéri pour évoquer les préparatifs de la cérémonie de la dot, Bakio était déjà devenu le très respecté commissaire principal en charge de la sécurité publique de la ville de Douala. Il jouissait d'une rare autorité au sein de la police. Ses troupes appréciaient sa discrétion, son sens de l'honneur et sa redoutable efficacité dans le maintien de l'ordre. Les brigands le respectaient, car, si Bakio était prompt à intervenir et à traquer les malfaiteurs, il le faisait avec un grand sens tactique et une franche répugnance envers la brutalité. Il mettait un point d'honneur, lors de ses interventions, à remplir sa tâche dans le respect de la personne humaine. « Ce n'est pas parce que nous avons affaire aux voyous que nous devons imiter leurs méthodes », proclamait-il.

Mon père l'appréciait pour cela. Ils avaient appartenu au même réseau de maquisards. Quand je lui eus annoncé mon projet de régler la dette de Karl Kiribanga Ébodé, le commissaire me félicita de cette décision. Il me raconta comment, l'indépendance acquise, il avait fait ses premiers voyages en Europe en compagnie de mon père. Ils étaient allés ainsi à Paris, puis à Londres. Mais leur itinéraire avait bifurqué par la suite.

« Karl, me dit Bakio, a été, à vingt-deux ans, le plus jeune conseiller municipal de Douala. Je n'ai pas été d'accord avec sa décision de se retirer si tôt des affaires publiques. Mais voilà, les trop longues réunions l'agaçaient. Il s'y ennuyait ferme. Je me souviens de notre voyage au pays de Shakespeare ; il renonça, juste après celui-ci, à la reconduction de son mandat de conseiller de la ville de Douala. Beaucoup de gens n'ont pas compris ce geste et lui en ont voulu. »

J'avais écouté la suite sans broncher, et j'attendais le moment propice pour inviter le commissaire à Mitouba. Je voulais aussi solliciter son aide sur un point : retrouver Kamga. J'étais en effet déçu par l'échec de mes démarches visant à rencontrer ce dernier personnage. Nul ne paraissait savoir ce qu'il était devenu. On le disait tourmenté par son refus de retourner au village et de reprendre la chefferie de son père. On prétendait par ailleurs que Kamga n'ayant jamais eu d'enfant avait été convaincu par sa nouvelle et jeune épouse d'aller s'installer au pied du mont Coupé, où se comptaient les meilleurs devins du Pays des Crevettes. Il s'y serait donc rendu pour les consulter et recevoir leur aide.

J'avais frémi en entendant cela car les gens ne se rendaient au mont Coupé qu'en désespoir de cause. De plus, on revenait rarement vivant d'une telle expédition ! Était-il donc à ce point affligé pour entreprendre cette démarche ? Qui avait bien pu lui suggérer une telle idée ? S'il avait disparu, il ne me serait plus possible de rassembler tous les amis de mon père. Avant d'aborder le sort de Kamga, j'avais toutefois été satisfait d'entendre le commissaire me dire, devançant la demande que je n'aurais pas manqué de formuler :

« Tu as besoin de moi pour Mitouba ? Je serai présent à la remise de la dot. Je t'encourage, poursuivit-il, à remplir cette mission. Tu peux compter sur moi ; tu dois le faire. C'est quand déjà ?

— Le 5 septembre, répondis-je.

— Je prends dès maintenant des jours de congé pour cette cérémonie. Demain, j'en informerai ma hiérarchie. Où aura-t-elle lieu ? Je te pose cette question parce que je dois signaler mes déplacements au commandant, par mesure de sécurité. Nous autres officiers sommes finalement les personnes les moins libres de leurs mouvements, dans ce pays. Quand nous voyons les gens se plaindre et dire que nous brimons leur liberté, ça nous fait rire. Oui, si je veux me déplacer de plus de cinquante kilomètres en dehors de ma circonscription, je dois obtenir au préalable une autorisation du ministère. »

Comme mes yeux trahissaient une grande surprise, il ajouta :

« Eh oui ! on a beau être un officier supérieur de la police, on est d'abord aux ordres et au service de la sécurité publique. Allons, ne nous plaignons pas, dit-il en s'administrant une petite tape sur la main. Qu'attends-tu de moi, jeune Ébodé ?

— Je te remercie de venir à Mitouba. Je suis aussi là parce que Kamga a disparu, avouai-je avec gêne.

— Je ne l'ai pas vu depuis… quatre mois. Il faut qu'il soit à Mitouba. Il ne peut manquer ce rendez-vous, n'est-ce pas ?

— Oui, dis-je.

— Viens me voir demain, je tirerai cette affaire au clair. »

Je m'étais donc rendu dans son bureau. À peine étais-je installé qu'on frappa à la porte. Le commissaire cria :

« Entrez ! »

Un homme d'un âge avancé, rond et portant des lunettes, ouvrit la porte. Le commissaire s'écria :

« Ah, mais c'est Kalla ! »

Se tournant vers moi, le commissaire enchaîna :

« Eugène, je te présente Kalla, un ancien

collègue à la retraite. Il coule maintenant des jours paisibles, loin de la tension de notre métier. Il a connu Karl, ton père, et il a travaillé avec ton oncle Athanase Nkoa, ce grand serviteur de la police et de l'État qu'on avait baptisé “bébé”.

— Bonjour, jeune homme, me dit le retraité. Mais, contrairement à ce que pense Bakio, y en a qui me chauffent le crâne et troublent ma retraite.

— Qui ? s'enquit Bakio.

— Notre ministre de l'Intérieur, pardi ! Tu n'as pas entendu sa dernière connerie ? Lui aussi parle maintenant de nous faire respecter les droits de l'homme et la procédure pénale. Mais il délire !

— Il veut donner un signe à l'étranger ! hasarda Bakio.

— Je crois rêver, il dit qu'il y a trop de foutoir dans les commissariats, trop de bastonnades, trop de je-m'en-foutisme et trop de gardes à vue arbitraires. Mais c'est un gauchiste ou quoi, ce mec-là ? Les conditions d'hygiène dans les cellules seraient horribles ! On ne devrait plus tirer dans le dos d'un malfaiteur, etc. Mais c'est un con, celui-là !… »

L'ancien commissaire en bavait de rage. Bakio l'écoutait sagement. Le retraité fulmina :

« Tous les policiers devraient se mettre en grève et demander la démission de ce sinistre ministre pour abandon de troupes et désertion sous le feu de l'ennemi. Il veut se faire applaudir par la presse étrangère et par les bailleurs de fonds internationaux qui n'ont à la bouche que le mot de Droits-de-l'homme. C'est ça qu'on mange ? M'enfin, Bakio, on va laisser passer ça ? Les pillards nous harcèlent. Les coupeurs de routes et de gorges prolifèrent. Et qu'entend-on ? Droits-de-l'homme ! Droits-de-l'homme mon cul ! Les bandits se frottent les mains en entendant de telles âneries ! Non, Bakio, ça me fout hors de moi ! Quand les truands canardent les poulets, y compris dans les commissariats, personne n'invoque les Droits-de-l'homme à notre avantage. Et voilà qu'un ministre se mêle aussi de décourager les défenseurs de l'ordre public que nous sommes. Nous, qui prenons tous les risques sur le terrain, sommes sacrifiés, comme des poulets ! Notre hiérarchie, je te le dis, n'a plus les couilles ! Elle fait dans son froc au lieu d'assumer nos erreurs. Quelle époque, mais quelle époque ! »

« Qu'on me dise où est Kamga ! » pensai-je, en me désintéressant de la discussion. Au bout d'un moment, le silence se fit dans la pièce. Kalla avait vidé son sac et aurait certainement pu vider son arme sur le ministre de l'Intérieur s'il l'avait eu devant lui. On passa à autre chose. Les deux hommes, qui aimaient les courses de pirogues, évoquèrent la dernière compétition qui venait d'avoir lieu sur le fleuve Wouri, le week-end précédent. Elle avait été remportée par les Akwa sur les Deïdo. Puis ils se quittèrent en se donnant rendez-vous le lendemain.

Bakio se tourna vers moi :

« Je n'oublie pas Kamga. »

Une ride lui barra le front et, avant qu'il ait saisi le combiné du téléphone qui se trouvait sur son bureau et vers lequel se dirigeait sa main gauche, un gradé fit irruption dans la pièce :

« Vous m'avez appelé, chef ? »

Le commissaire Bakio avait souri, et, une main caressant toujours le poste de téléphone, il dit :

« J'allais le faire. Une fois encore, vous avez devancé ma pensée. Oui, ça m'étonnera toujours. Connaissez-vous mon ami Kamga ?

— Celui qui habite au Kilomètre 5 ?

— Oui. Je veux rapidement savoir où il se trouve.

— Parfait, chef. Vos souhaits seront exaucés ! » dit le gradé en claquant les talons et en se précipitant dehors.

Je l'entendis hurler des ordres aux policiers. Puis les vrombissements des puissantes motos annoncèrent le départ de la patrouille. Les recherches réclamées par le commissaire commençaient.

Une pluie fine se mit à tomber et, derrière les volets des persiennes, on voyait des gouttes d'eau qui perlaient. Il était midi. Le commissaire me tendit un billet de mille francs et me dit :

« Va donc te restaurer et reviens ici vers quatorze heures. J'ai quelques dossiers à finir. Nous allons très rapidement savoir où est Kamga. J'ai confiance dans l'efficacité de mes gars. »

J'étais allé sur la place de la poste principale et, à l'ombre d'un flamboyant, je m'étais mis à déguster un sandwich avant de retourner voir le commissaire. Il avait de bonnes nouvelles à m'annoncer :

« On a retrouvé Kamga ! Je ne te dirai pas comment nous avons procédé car il n'est pas à Douala. Mais il ne parle pas !

— Il est malade ? fis-je.

— On le trouve bizarre, mais il est vivant. J'ai ordonné qu'on le ramène à Douala. Il sera chez moi demain. »

Le surlendemain, je fus mis en présence de Kamga : il semblait déterminé à demeurer dans sa torpeur. Mais lorsque j'eus annoncé mon projet de règlement de la dot de ma mère, il me considéra avec étonnement et changea d'attitude. Il murmura alors, comme s'il s'interrogeait en lui-même :

« Qu'est-ce qui m'a rendu muet ? »

CHAPITRE 13

Ironie

« J'ai mangé la promesse faite à ton père de prononcer son oraison funèbre. Voilà la cause de mon silence ! » avoua enfin Kamga.

Il avait continué :

« Si la parole donnée n'est pas respectée, tout devient mensonge et aucun langage ne peut réchauffer la vie. Je vois que toi, tu as décidé d'honorer ton engagement. Quand ton père est mort, je n'ai pas réussi à dominer ma peur et à faire ce que j'avais promis. Karl m'avait demandé de prononcer une sorte d'oraison caustique et comique après sa mort. Tu connais ton farceur de père. Il voulait que son enterrement ne ressemble à aucun autre. Ce qu'il attendait de moi dépasse l'entendement. Et ce qu'il t'a chargé de faire en son nom n'est pas commun non plus. C'est pour cela, Eugène, que je te félicite de nous réunir pour cette fameuse dot qui a empoisonné l'existence de Magrita, ta mère. C'est une femme qui mérite aussi de connaître la paix. Nous parlons beaucoup de Karl… Il a eu la sagesse de vouloir apaiser ta mère. C'est pour cela aussi que je te parle aujourd'hui.

— On dit des choses sur toi…, hasardai-je.

— Je m'en tape ! Mourir au mont Coupé m'a semblé d'ailleurs une fin méritée et rapide. Tu ne le sais peut-être pas, mais Karl et moi nous y sommes allés pendant les événements de 1958, avant que Douala ne soit en feu. Nous redoutions alors la défaite et avions le pressentiment que notre organisation allait vivre un moment difficile. Ton père et moi n'étions pas superstitieux, mais nous sommes quand même allés au mont Coupé. Sans le dire aux autres. Ni Bakio, ni Syracuse, ni Ichar n'étaient dans le coup. Oui, monsieur… »

Il ajouta :

« Depuis la disparition de Karl, j'ai décidé de fermer ma gueule. Ton père et moi nous nous sommes connus ici. Nous avons voulu l'indépendance. Nous nous sommes battus pour elle. La guerre de libération, les rafles, les massacres, les tortures qui ont eu lieu à cette époque nous ont marqués à jamais. Des moments inoubliables m'ont lié aux uns et aux autres. Écoute… Aux alentours du 13 septembre 1958, l'armée avait décidé de commettre le massacre final, encouragée par la mort de Ruben. Sous le feu des canons et des bombes, les combattants et patriotes vécurent une journée d'apocalypse. Tous, autant que nous étions, devions périr. Un gigantesque incendie fut allumé dans le quartier où mon commando était assiégé depuis cinq jours. Nous étions encerclés à Bonakouamouang. L'armée était à nos trousses. Les opérations de ratissage, case après case, multipliaient le nombre d'arrestations et les exécutions sommaires des gens qui avaient simplement pris peur et qui couraient sans savoir pourquoi. On les prenait pour des fugitifs ou des maquisards. Et pan ! pan ! pan ! ça tombait, ça pleurait, ça se noyait dans des ruisseaux de sang. Et l'eau du Wouri devenait pourpre. Écoute, Karl n'était pas superstitieux, mais je peux te dire qu'il avait fini par accepter de porter les amulettes que nous avions ramenées du mont Coupé.

« À Douala donc, en ce funeste 13 septembre 1958, nous nous étions retrouvés au Carrefour-des-Deux-Églises ; ça pétait là aussi. Il y avait les militaires partout. À hauteur de la douche municipale, les patrouilles ne faisaient pas de quartier. On arrêtait les hommes, les femmes, les enfants et on les jetait dans le bâtiment des bains-douches. Un groupe de militaires complètement excités mit le feu au bâtiment. Nous avions couru vers le quartier Mozart. Aucune pute ne traînait dans la rue. On a filé au quartier Congo. Ça bardait toujours. Les hélicoptères tournaient et les policiers, les gendarmes, les coiffés-de-bérets, les "mbérés", canardaient tout ce qui bougeait. Quand ils en avaient marre de tirer, ils jetaient des bidons d'essence et balançaient des grenades incendiaires dans le tas. Alors, je peux te dire qu'après cela on ne voulait plus voir un seul Blanc. Qui fournissait à notre armée les hélicoptères et les grenades incendiaires et le napalm ? Et les tueries des Blancs ont commencé. On les égorgeait comme des porcs. On aime le sang chaud dans ces moments-là. Karl lui-même a zigouillé des traîtres à notre cause. Mais ce qu'il aimait, c'était les travestissements. Tiens, quelques jours plus tôt, nous avions opéré dans la prison de New-Bell et permis à de nombreux rebelles de s'enfuir. Karl, Ichar et moi avions été actifs dans cette affaire-là. Karl s'était déguisé en nonne et les gardes avaient eu des scrupules à le fouiller tellement il sentait mauvais, s'étant aspergé de vinaigre avant de se présenter à eux. Il puait à ce point qu'ils n'avaient pas osé soulever sa robe et farfouiller sous sa petite culotte comme ils avaient l'habitude de le faire avec les visiteuses de prison. Karl avait glissé dans son soutien-gorge deux pistolets et, sous la robe, deux grenades explosives. Il avait craint que celles-ci, par une fausse manœuvre, ne lui emportassent son chéri de zizi. Mais tout s'était bien passé, il avait réussi à introduire les armes dans la prison. Les gardes ne remarquèrent même pas que la plantureuse nonne qu'ils avaient croisée à l'entrée de l'établissement pénitentiaire avait la poitrine plate en sortant. Karl possédait un art consommé de la comédie ! Et nos camarades qui allaient être fusillés avaient pris les gardes en otages, après le départ de la fausse nonne, et s'étaient sauvés. Il nous arrivait aussi de nous travestir en vieillards, et l'armée d'occupation et ses lécheurs de bottes, nous voyant appuyés sur des cannes, cédaient devant nos subterfuges.

« Déjà, la veille du jour où la tête de Um Nyobè, le cerveau du mouvement de la désapprobation colonialiste, fut décollée, le 13 septembre donc, l'ordre fut donné de brûler notre quartier. Nous avions échappé aux balles, mais j'avais dégringolé dans un trou et, à côté de moi, une case ravagée par les flammes s'était presque entièrement écroulée sur mon dos. J'étais dans le feu, j'étais cuit, les flammes me léchaient les vêtements, la chaleur me brûlait déjà, mon cœur allait s'arrêter de battre… C'est ton père qui me retira de la tombe. »

Kamga continua d'évoquer la raison de son silence :

« Je dois la vie à ton père. Je ne pourrais te raconter tout ce que nous avons vécu. Mais voilà, quand Karl a su qu'il allait mourir, il est venu me voir. Il avait pourtant l'air content et son œil brillait comme au bon vieux temps, lorsqu'il préparait un coup tordu à l'occupant. Il m'a invité à le suivre :

« "Viens, allons boire une bière !"

« Je ne me sentais pas la force de l'accompagner. J'ai protesté. Tu le connais. Il a insisté et a fini par me convaincre avec ces mots :

« "J'ai une mission pour toi, car je compte sur ta bravoure, Kamga ! Mon cœur va lâcher. Ou plutôt, c'est mon foie qui ne résiste plus…"

« Je lui ai répondu :

« “Ne parle pas de ça, tu es solide, et tu en as vu d’autres.

« — Non, Kamga, je sais ce que je dis. Je veux que tu me rendes service. Je veux que tu parles de moi, avant la dernière pelletée de sable… Je veux que tu dises le dernier mot sur moi. Peux-tu le faire ?

« — Je ferai tout ce que tu auras décidé.

« — Ah, merci ! Ichar en aurait été incapable. Il a du courage, mais il est trop émotif. Je ne le sens pas sur ce coup-là. Syracuse est à l’hôpital. Bakio est aux ordres de l’État. Tu es le seul…

« — Je parlerai.

« — Tu me le jures ?

« — Je te le jure !

« — Alors, voici ce que tu devras dire aux gens le jour de mon enterrement…” »

J’avais retenu mon souffle. Nous étions seuls. Le commissaire n’allait pas tarder à venir nous retrouver. J’avais suivi avec tension chacun des gestes d’un homme qui ne parvenait toujours pas à dominer son trouble. Effaré, je regardais l’ami de mon père. Il paraissait peu assuré. Ses mains tremblaient. Ses lèvres aussi. Il tira un papier de sa poche. C’était un texte écrit par mon père. C’était le texte qu’il avait voulu que l’un de ses proches, celui qui se trouvait en face de moi, présente le jour de son enterrement. Il me le tendit. Je lui demandai de le lire. Il refusa. Je fis de même. Et Kamga, surmontant sa frayeur, me fit soudain entendre l’inattendu message :

Je m'adresse au peuple des hommes et non à la forêt des singes. La mort est un bûcher où il faut précipiter les lâchetés, les mochetés et les cadavres !… Elle est aussi une libération. Elle s'ouvre comme une perspective d'ensemencement pour qui veut, demain, moissonner. C'est donc ainsi, peuple fourbu, que la mort nourrit et signale sa grandeur sur le front des famines qui vous tétanisent. Alors, halte aux gémissements d'un autre âge ! Karl Kiribanga Ébodé, en tombant, est la graine de mil offerte à la terre pour les paris audacieux. La graine sera-t-elle bonne ou mauvaise ? C'est l'avenir qui a le dernier mot. Finalement, je vous le dis, la mort appelle les feux de joie et non les feux de détresse. Alors dansons ! Devançons le surgissement du néant ! Dansons avant que la terre ne nous tire la langue et réclame d'autres graines…

Peuple des hommes détestant à la fois l'orage et la sécheresse, il faut aimer la beauté des aurores pour sortir des cavernes. Nous le savons, l'ombre ne se retire jamais qu'au bénéfice de la lumière.

Je m'adresse donc au peuple des hommes et non à la forêt des laquais ! Un ami, un père, un mari, un amant et un diable d'homme, vient de vous quitter ! Aucune des belles paroles que l'on tient d'habitude en cette circonstance n'est digne de citation. Car ce n'est pas un homme, c'est un loup, cet Ébodé, que vous venez accompagner à sa dernière tanière.

Je m'adresse encore au peuple des hommes et non à la forêt des singes hurlants pour qu'il fasse aurore en chacun. Je vous le dis, Karl Kiribanga Ébodé part avec une dette. Une seule. Mais les dettes des morts ne valent pas pour les vivants. Alors, permettez que je m'adresse au peuple des hommes et non à la forêt des singes grimaçants et pouilleux pour que le monde vive et que s'amenuisent les rancœurs les plus tenaces…

« Tu vois, me dit Kamga, je ne pouvais pas lire ce testament… Mais ton père avait éclaté de rire en me voyant tout décomposé. J'avais essayé de balayer les encouragements qu'il m'adressait. Il était trop tard. Ma promesse était faite. Tu le sais maintenant, je n'ai pas pu la tenir. »

CHAPITRE 14

La cérémonie

On craint certains rendez-vous de la même manière qu'on redoute une épreuve capitale. Pour moi, le 5 septembre était une date redoutable. J'avais cependant hâte que tous les événements qui se rattachaient à elle fussent enfin terminés. J'avais peu dormi la veille et même les jours précédents. Comme je l'avais espéré, nous nous étions tous retrouvés à Mitouba, chez mes grands-parents. Les amis de Karl Kiribanga Ébodé étaient là. La tante Atana s'était aussi déplacée et représentait ma défunte grand-mère, tandis que le chef Okoba assurait le rôle dévolu à Zak, mon grand-père paternel. Youbi, le cueilleur de vin de palme, avait rameuté sa troupe et des centaines de calebasses pleines à ras bord avaient été transportées jusqu'à Mitouba.

Avant que la cérémonie ne commençât, Kamga avait pris place à mes côtés, et je sentais sur ma nuque le souffle de sa respiration. Il paraissait plongé dans ses propres réflexions, mâchonnant un bâton dont les essences miraculeuses étaient censées combattre ses angoisses. Cette transformation ne laissait pas de m'intriguer, car j'avais connu Kamga plus posé, à mille lieues du personnage irascible qu'il était devenu.

Quant à Ichar, il rayonnait.

Je le voyais serrer les mains qui se tendaient à son passage, comme un candidat en campagne électorale. Il murmurait des mots à chacun des villageois, paraissait même vouloir subrepticement effacer l'ombre de mon père qui planait au-dessus de nous. C'est vrai, j'avais eu l'impression qu'il en faisait trop. Il s'était attardé aux côtés de grand-mère, dénonçant les douleurs que lui infligeaient les rhumatismes. Ne jouait-il pas au gendre idéal ? À peine l'avais-je remarqué qu'il se dirigeait vers grand-père et le complimentait sur ses citronnelles.

Grand-père aimait en effet ces plantes odorantes et, lorsqu'il quittait le village, il emportait souvent celles qu'il avait plantées autour de sa case pour qu'elles agrémentent son voyage de leur parfum. Ichar fit donc le tour de la grande assemblée ; j'eus l'impression, à voir l'air ravi qu'il promenait et qui irradiait son visage, qu'il se donnait des attitudes de vainqueur. Quel combat comptait-il gagner ? Ne ressemblait-il pas plutôt à un chien se pourléchant les babines avant d'avoir attrapé le gibier ? Mais où se trouvait donc sa proie ?

Syracuse, en éternel blagueur qu'il était, riait, frappait les genoux de ceux qui l'entouraient. Il était rouge, mon parrain. Une vraie écrevisse !

Mininga, la femme d'Ichar, servait les boissons, et une chèvre qu'on allait égorger freinait des quatre fers, braillait et soulevait un nuage de poussière en traversant la cour. Où était ma mère ? Une nuée de femmes l'entouraient. Elle fit une brève apparition dans la cour, comme pour prendre la température de la fête, puis elle disparut. Que faisait Ichar ? Je ne pus m'empêcher de repenser à son aveu. Était-il possible que ma mère ne se fût aperçue de rien lors de cette lamentable affaire ? Une femme peut-elle se faire emmancher par deux hommes sans flairer le coup tordu pendant le déroulement d'un si triste scénario ? Les respirations, les odeurs, les gestes ne sont-ils pas différents d'un homme à un autre ? Peut-on abuser une amoureuse sur chacun de ces points ?

Les gens, même si leur peau était d'un noir d'ébène, même s'ils étaient plongés dans l'obscurité africaine, dévoilaient leurs silhouettes. Comment ma mère s'était-elle laissé abuser ? L'émotion du moment avait-elle pu la priver de sa clairvoyance ? Avait-elle apprécié en secret ce que ses sens découvrirent dans le feu d'une sauterie inavouable ? Elle était jeune à l'époque des faits. L'amour pardonne tout. Elle avait probablement pardonné par amour pour Karl, expert en manigances tortueuses. Pouvais-je lui parler de cette histoire afin d'en avoir le cœur net ? Me montrerais-je assez courageux pour entrouvrir les portes d'un dialogue impossible ? Combien de douleurs tues par les femmes ! Valent-elles mieux d'être conservées sous le couvercle de l'oubli plutôt que de jaillir en surface ? La vérité vaut mieux que le silence. La vérité blesse mais soulage ; quant au silence, il étouffe à petit feu et pétrifie. Qui écrira le silence mortifère qui rend révoltés à jamais ceux qui peuvent ressentir une douleur sans en déterminer les contours anciens et les figures d'épouvante qui leur ont donné existence ? Qui percera le lieu secret où se mijote et s'élabore le sentiment de vengeance ? Je l'avais, ce sentiment, en regardant Ichar.

La cérémonie de la dot commença. On demanda à mon oncle Pim de se retirer et d'attendre une dizaine de minutes dans une case obscure avant de nous rejoindre. Un attroupement se fit autour de grand-père. Des murmures enflèrent. Je crus entendre : « On le ridiculisera car on n'apprend pas au vieux singe à faire la grimace. » De qui parlait-on ? À qui s'adressaient ces terribles propos ? J'entendis : « Ce Karl Kiribanga… Nous lui retournerons sa plaisanterie… »

Je fus sur le point de défaillir. Kamga le sentit et me réconforta du regard ; il avait compris ma lassitude et la nervosité qui me gagnaient. Bakio vint me passer la main sur le visage, en signe de bénédiction. Syracuse, accompagné de ce diable d'Ichar, me serra dans ses bras avant de me laisser à ma place, face aux villageois de Mitouba. N'étais-je pas aussi devenu l'adversaire de ce diable de Karl Kiribanga Ébodé ? Était-il en train de se foutre de nous en nous observant du haut d'un monde auquel nous n'avions pas accès ?

Les gens du village, conviés à la cérémonie, étaient là depuis l'aube. Les jeunes gens étaient sagement assis sur le sol recouvert de grandes feuilles de bananier. Ils ne trahissaient aucune impatience. Des vieillards, qui d'ordinaire se traînaient sur le chemin poussiéreux menant à la case de grand-père, avaient depuis longtemps pris place autour de nous sur des tabourets de bois.

Grand-mère, un peu sourde, demandait à quelqu'un qui lui parlait de répéter ce qu'il venait de dire, lorsque le tam-tam roula au milieu de la cour les sonorités d'usage qui introduisaient la cérémonie. Quand il se tut, grand-père, souriant, se lança :

« Bienvenue à vous tous, témoins de ces épousailles qui feront date dans notre histoire. On dira désormais que c'est l'enfant qui enfante le père. On est bien d'accord ?

— Oui, cria l'assemblée.

— Le père absent, c'est le fils qui épouse la mère !... tam-tams, tam-tams ! tam-tams ! Battez la mesure et envoyez les messages... », ordonna l'énergique septuagénaire.

Les notes métalliques des bois frappés retentirent aussitôt. Elles transmettaient en même temps aux villages voisins le discours grand-paternel. Puis, comme si une guêpe l'avait piqué, grand-père lâcha contre toute attente :

« Mais ne croyez pas que tout se déroulera ici,

dans ce village où est née Magrita. Nous devons aller à Douala. C'est dans la ville qu'a tant aimée Karl Kiribanga Ébodé que cette cérémonie doit se tenir. Pas ici !

— C'est quoi, ce piège ? » dis-je.

Non, je ne pouvais accepter ça ! Ma voix se perdit dans le brouhaha du tam-tam reprenant les propos de mon grand-père.

Après avoir bataillé pour ramener tout le monde au village, voilà que j'apprenais qu'il fallait retourner à Douala !

Mon oncle Pim, revenu parmi nous, m'enfonça un coude dans les côtes :

« On ne discute pas avec le nuage qui passe », me souffla-t-il.

Je ne compris pas sa mise en garde et je m'écriai :

« Les gens sont venus manger ; qu'ils se goinfrent donc !

— Le petit a raison de s'énerver, fit quelqu'un. Douala est loin et nos vieilles cannes ne nous porteront pas jusque là-bas. Qu'on mange d'abord ; on verra le reste après. »

Grand-père s'insurgea :

« Quoi ? Tu veux insinuer que je suis aussi grabataire que toi ? Et puis, qui t'a autorisé à l'ouvrir ? Est-ce toi Karl Kiribanga Ébodé ? Moi, dit grand-père en se frappant la poitrine, je veux lui prouver que j'ai jeté la rancune à la rivière. Voilà le sens de ma proposition.

— Buvons d'abord, cria quelqu'un, on réfléchira mieux après. Nos gosiers sont secs.

— Mais on va boire ! hurla grand-père. Est-ce que ce que j'ai dit est sans importance ? Que l'homme blanc qui n'a pas le même esprit étourdi et impatient que ces gens-ci parle !

— L'homme blanc ne dira rien, tant qu'on n'aura pas apporté la première chèvre et la première dame-jeanne de vin rouge ici. Est-ce que c'est moi qui ai inventé cela ? questionna Syracuse.

— Non, répondit le commissaire Bakio, comme si la question lui était adressée. Je dois dire que le voyage pour venir jusqu'ici nous a déjà beaucoup fatigués. Alors, grand-père, précise ce que tu veux dire... »

À ce moment-là, une de mes vieilles tantes s'approcha de moi. Sur les conseils de ma mère, elle me chuchota quelques mots à l'oreille, pendant que grand-père, qui ne regardait pas dans ma direction, apostrophait un nouvel arrivant. Elle me dit :

« Reste calme. Ne t'énerve pas. Ce que dit ton grand-père fait partie des épreuves que tu dois subir. On teste ta patience. »

Je m'apprêtais à pester, et la tension qui me chauffait la tête retomba un peu. Il était recommandé, en cette circonstance, de jouer avec les nerfs de celui qui demandait une femme en mariage. Grand-père tenait son rôle à la perfection. N'en rajoutait-il pas ? Avait-il oublié que je n'étais que son petit-fils ?

Comme il rompait des lances avec l'un de ses voisins, je profitai de ce répit pour me remettre de mes émotions et me préparer à esquiver ses futures attaques. J'avais accepté de prendre la place de mon père, ce n'était pas le moment de défaillir. Je glissai alors des regards d'envie vers Kamga. L'air distrait, plongé en lui-même, il paraissait peu concerné par mes tourments. Il mâchonnait des morceaux de bois aux vertus apaisantes. La tension que je ne parvenais pas complètement à évacuer montait et descendait sans que je puisse la dominer. J'esquissai un pâle sourire en attendant avec résignation la suite des surenchères de grand-père.

« On n'a jamais affamé quiconque ici, l'entendis-je dire. Qu'on apporte le vin !

— Oui, qu'on n'oublie surtout pas le rouge ! Nous devons adresser un salut aux Gaulois. Car, comme disait Karl Ébodé, "Ce n'est que dans le vin rouge que nous reconnaissons que nos ancêtres étaient des Gaulois", n'est-ce pas ? » rappela Syracuse.

L'assistance l'approuva d'un tonitruant :

« Owé ! Oui ! Owé !

— Parfait, approuva grand-père. Mais je veux qu'on sache, poursuivit-il en se tournant vers moi, que je ne vais pas garder ma langue dans ma poche ! Et celui qui veut la main de ma fille doit la mériter ! »

Quel comédien ! me dis-je.

On apporta des verres et ils restèrent vides un long moment. Grand-père grinça :

« Ce sont peut-être nos larmes que nous allons boire ! L'homme qui nous a réunis veut-il seulement nous nourrir de paroles comme c'est l'habitude des gens de la ville, et de Douala en particulier ? »

Je faillis hurler de colère. Douala était la ville de mon père et la mienne aussi. Ces villageois ne vont pas me les chauffer ! En plus, j'avais déjà offert à boire. Pourquoi ne sortait-on pas mes dames-jeannes de vin ? Que fout Youbi, le cueilleur de vin de palme ?

Kamga, ayant compris ce qui se passait, saute alors sur la scène et je l'entends dire :

« Ah, j'étais distrait ! Karl que voici, et il me désigne, a fait de moi son cueilleur de vin. Je l'ai donc tiré, et, n'ayez crainte, vous en aurez autant que vous souhaitez. Cependant, je veux, bande de fainéants, qu'on me donne un aide pour aller le chercher ! »

À quoi rimait encore cette comédie ? Comment Kamga s'y prendrait-il ?

« Messanga ! siffla mon grand-père en montrant son voisin. Va aider notre hôte ! »

Et Messanga, sans se démonter, dit :

« Je n'ai plus qu'un œil valide. Si vous voulez que je verse votre vin dans le fossé, maintenez-moi dans cette fonction. Afegue ! Toi qui as des jambes de gazelle, c'est pas le moment de te rendre actif ? »

Afegue s'exécuta. Kamga vint me murmurer une information à l'oreille. Il m'indiqua qu'il avait apporté du vin en secret. Il connaissait l'esprit des Atemengué et s'était préparé à cette demande. Il savait aussi que j'avais imprudemment offert les boissons avant l'heure. Il me souffla également que Pim, mon oncle, évoquerait la mort de Karl. À ce moment-là, il me faudrait être attentif et me laisser tomber par terre. C'est alors qu'il lirait, lui, Kamga, la lettre de mon père. J'acquiesçai.

La cérémonie officielle de la dot faisait toujours l'objet de surenchères en public. Ce qui avait été donné en secret ne comptait presque pas. Et la famille de la fiancée cherchait à ridiculiser le prétendant. J'eus des sueurs froides. Pourquoi ne m'avait-on rien dit ? Ichar n'ignorait pas ces pratiques ! Mais il avait laissé faire. Dans quel dessein ?

Quand tout le vin fut apporté, Kamga se présenta devant mon grand-père et, tapant des mains pour réclamer le silence, il dit :

« Le vin est tiré et livré, il n'y a plus qu'à le boire ! »

Et on applaudit. Et les verres furent remplis. Et les conversations reprirent comme si de rien n'était. Et des bouches rendues bavardes par l'alcool ou par la seule perspective de s'enivrer s'ouvrirent avec empressement.

Grand-père était songeur. Il réfléchissait à la suite des événements.

Pendant qu'on nous servait à boire, ma mère réapparut au milieu d'un autre groupe de cinq femmes et je distinguai aisément, parmi elles, celles que l'on appelait les « accoucheuses ». Elles avaient pour mission de donner à la future mariée les recettes pour conserver un mari, et de lui apprendre les rites de la fécondité. Puis, quand l'obscurité descendit complètement sur le village, une voix s'éleva des fourrés, suffisamment forte pour que tout le monde l'entende. C'était mon grand-père :

« Un homme, dit-il, vient demander la main d'une femme. Il arrive donc comme un bûcheron qui va arracher un arbre à la terre. Moi, fils des Atemengué, père de Magrita, je suis d'accord pour cette union. Mais tout le monde est-il de cet avis dans ce village ? Ce n'est pas sûr ! »

Je jetai un regard circulaire ; la cour était noire de monde. Les gens me regardaient. Un rictus se posa sur mes lèvres. Que voulait encore dire cette histoire ? Quel avis fallait-il encore recueillir ? Qui pouvait me renseigner ? Bakio, Kamga et Syracuse avaient disparu. Où se trouvait mon oncle Pim ? Il était invisible. Mes pensées roulèrent vers Ichar. Que faisait-il ? Il était le seul ami de mon père, le seul encore visible. J'en fus réconforté une fraction de seconde mais m'interrogeai aussitôt : « Pourquoi ne vient-il pas à mon secours ? »

Replié sur lui-même, à deux pas de moi, Thimoté Ichar fixait ses pompes. Le vin que nous avions bu me tournait la tête. Je ne savais plus quoi dire. Croyant alors que tout était fichu, qu'un piège se refermait autour de moi, je fus sur le point de crier qu'on arrête la mascarade.

J'allais parler quand je vis surgir de la nuit quatre hommes enturbannés. Ils arrivèrent en courant dans la cour du village, tirèrent Ichar de sa chaise et l'entraînèrent vers la brousse. Il y eut un peu de remous dans l'assistance, un murmure de surprise s'éleva. Puis les hommes, poussant Ichar devant eux, revinrent aussi vite qu'ils étaient partis. Les quatre enturbannés se plantèrent devant la foule et, désignant Ichar, ils dirent :

« Cet homme, bien qu'il vienne de Kolbis, a un avis à exprimer sur ce mariage ! Car il est, parmi nous tous, celui qui connaît le mieux Karl Kiribanga Ébodé ! »

C'était la voix de Bakio. Les amis de mon père portaient tous des pagnes, et, bien que leurs visages fussent couverts, je reconnus une peau blanche. Elle était badigeonnée de cire noire et trahissait Syracuse. Je dis alors :

« Qu'il parle !

— Trois vaches ! Il faut donner trois vaches à ce village, et vite ! cria Ichar.

— Formidable ! C'est ce que nous attendions ! » s'excitèrent les villageois.

Je faillis m'étrangler. Je faillis crier à Ichar : « Merde, t'aurais pas pu la fermer ? Où veux-tu que je trouve ces ruminants à une heure pareille ? Je ne les ai pas ! Tu veux ma perte ou quoi ? Père m'a dit de donner des boas boucanés… »

Les mots restèrent dans ma gorge. Était-ce une nouvelle crapulerie d'Ichar ? Je m'apitoyais déjà sur mon sort quand l'un des hommes enturbannés, l'un des amis de mon père, ôta son pagne. C'était Bakio. Il piqua un sprint et disparut dans la nuit. Il revint quelques instants plus tard avec trois vaches. Un tonnerre d'applaudissements salua l'entrée des bêtes et leurs beuglements se perdirent dans le brouhaha causé par l'exultation des villageois. Bakio les remit à grand-père. Retrouvant ma confiance, je me tournai de nouveau vers la foule :

« Qui d'autre a quelque chose à dire ? »

De nouveau, ce fut Ichar qui parla :

« Il faut ici autant de sacs en peaux de crocodile qu'il y a de cousines et de tantes dans cette famille », dit-il.

La famille africaine est grande. Des cousines et des tantes, ce n'était pas ce qui manquait. Ichar mesurait-il l'énormité de sa proposition ? Pourquoi ne laissait-il pas les gens du village s'exprimer ? Ils diraient, eux, moins de bêtises !

Et, avant que je ne fusse revenu de ma surprise, un des amis de mon père sortit du rang et revint peu après les bras chargés des fameux sacs. C'était Syracuse. Il posa de gros paquets devant mon grand-père qui s'empressa de faire signe à la doyenne des tantes d'emporter les cadeaux. Sans délai, elle commença à les distribuer. Les youyous des femmes éclatèrent alors dans la cour du village. Et toutes eurent droit à un sac. Je m'approchai du centre de la scène pour dire :

« Qui veut parler ?

— Moi, fit un vieil homme de Mitouba. Les

enfants doivent aller à l'école parce que, sans instruction, ils ne seront que grondements, vexations et colères. Alors, pour éviter ça, il faut payer l'école des enfants de cette maison. Il faut deux cent mille francs pour cela ! »

J'avais déjà donné à grand-père l'argent que m'avait remis mon père et je fus à deux doigts de crier : « Hé, vous croyez que Karl Kiribanga Ébodé a attaqué une banque avant de venir ici ? »

Ils allaient me saigner jusqu'à l'os ! Je réfléchissais à ce que j'allais dire lorsque mon oncle Pim, sortant de sa poche une liasse de billets, alla à la vitesse de l'éclair les déposer sous les pieds de mon grand-père. Il se tourna vers moi et dit :

« Karl m'a remis ceci, en prévision de votre requête. L'éducation des enfants ne se marchande pas ! »

Il ajouta :

« Il y a dans le mariage deux portes : celle qui donne vers les emballements et la porte de secours qu'on n'emprunte que pour renier ses choix. Karl Ébodé, laquelle veux-tu prendre ?

— La première ! » dis-je.

Et il continua :

« Il y a dans le mariage un vaisseau qui élève les mariés au-dessus de la crête des nuages. Le mariage est aussi le grand vent qui refoule la solitude. Le mariage est enfin la mort de l'enfance. Il faut qu'un mot soit dit sur la mort !... »

Il m'adressa des clins d'œil. Je compris que cela avait un rapport avec la lettre de mon père.

Je m'écroulai et je fis donc le mort. Et la voix de mon oncle Pim continua :

« Oui, il y a des morts que la parole des autres réveille, protège ou accompagne. Celle d'un ami, par exemple… »

Et il s'écarta pour laisser la place à Kamga. Et celui-ci lut le texte qu'avait écrit mon père. Il dit :

Je m'adresse au peuple des hommes et non à la forêt des singes. La mort est un bûcher où il faut précipiter les lâchetés, les mochetés et les cadavres !… Elle est aussi une libération. Elle s'ouvre comme une perspective d'ensemencement pour qui veut, demain, moissonner. C'est donc ainsi, peuple fourbu, que la mort nourrit et signale sa grandeur sur le front des famines qui vous tétanisent. Alors, halte aux gémissements d'un autre âge !…

L'esani, danse funèbre, suivit. J'entendis : « *Makë mawulu etam etam !* J'entreprends un voyage tout seul… »

À la fin de la scène, je me remis debout, aidé par Kamga. Son menton tremblait de nervosité et de soulagement. À son tour, il me glissa discrètement un papier qu'il avait préparé pour moi. J'en donnai lecture à la foule :

« Le vieil homme qui est mort en moi a en effet beaucoup emprunté à d'autres vies. Il a aussi bénéficié du concours des gens que le hasard a mis sur mon chemin. Ils sont tous là : Syracuse, Ichar, Bakio, Kamga, et c'est pour moi un merveilleux cadeau. Vous aussi, peuple de Mitouba, vous êtes présent et je vous remercie d'avoir résisté à l'emprise de la colère. Mais le jeune homme qui naît à une vie nouvelle a d'autres portes à ouvrir ou à refermer. Merci ! »

Un silence accueillit mes propos. Puis des murmures s'élevèrent, et ensuite des applaudissements.

« Quelle belle cérémonie ! Bravo, les Ébodé ! »

Grand-père ne put s'empêcher de siffler, comme un serpent à sonnette qui a encore du venin à cracher :

« On croyait avoir tout vu avec Karl Kiribanga Ébodé ! Voilà que son fils s'y met à son tour. Il sera farceur comme son père ! »

Okoba intervint :

« Moi aussi, j'ai des choses à réclamer aux morts, à tous les morts ! Ils me doivent l'intelligence qu'ils ont emportée ! Ils me doivent le secret des plantes qui soignent la prostate ! Ils me doivent, là-bas où ils sont, un accueil digne d'un chef, sinon ils ne me verront pas de sitôt parmi eux ! »

Le peuple de Mitouba avait ri. Syracuse me fit un signe. Il voulait parler. Il dit :

« Que décide maintenant le peuple de Mitouba au sujet de la demande en mariage présentée par Karl Kiribanga Ébodé ?

— Nous allons vous le dire », fit grand-père.

Grand-père, grand-mère et le collège des oncles et tantes se retirèrent pour délibérer.

Ils revinrent vite, et la voix du plus âgé des oncles de ma mère retentit :

« Le vent et l'eau du fleuve de Mitouba, les tam-tams et les oiseaux de la nuit devront porter la nouvelle suivante aux peuples voisins : "Nous, descendants des Atemengué, fidèles travailleurs du cycle du cacao, grands avaleurs de bâtons de manioc, secoueurs de palmiers et d'avocatiers, mangeurs de chiens et de rats palmistes, nous, qui n'avons qu'une parole, donnons la main de Magrita à Karl Kiribanga Ébodé !" »

Les tambours roulèrent. Les femmes, en rangs serrés, firent cercle autour de Magrita et elle arriva enfin dans la cour pour prendre place à mes côtés. Elle fut congratulée. Les hommes vinrent la saluer, posant sur son front des feuilles de karité. Une troupe de danseurs et de musiciens sortit de la nuit avec balafons et tambours. Et les danseurs se mirent à exécuter d'acrobatiques pirouettes. Grand-père vint poser sur mon front le sceau de l'union. Syracuse me fit signe de ne pas oublier de planter un arbre. Je lui répondis que j'avais compris et je pris la parole :

« Chers Atemengué, vous avez accepté un Ébodé parmi vous. Permettez-moi encore d'accomplir un acte qui me tient à cœur. Je dois planter un arbre. »

Pim m'apporta un arbuste qu'il avait préparé pour moi. Je creusai le sol moi-même pour la plantation d'un flamboyant.

Il existe encore aujourd'hui à Mitouba et ses

branches s'inclinent, me dit-on, quand souffle le vent, comme un grand oiseau en liberté dans le ciel.

Les danseurs et musiciens invitèrent la population à se joindre à eux et à danser. Nous suivîmes bientôt le mouvement général. La cour ne résonnait que de rires et de cris de joie. L'heure où les mariés se retrouvent seuls approchait. On l'annonça. Je tressaillis. Fallait-il y aller ? Bakio, Syracuse, Kamga m'entourèrent. Ichar vint nous rejoindre. Un petit conciliabule nous réunit. On me dit :

« Vas-tu aller chez Magrita ou tu envoies quelqu'un à ta place ?

— Je ne sais pas. Que me conseillez-vous ?

— C'est à toi de décider ! »

Ichar s'était rapproché. Je sentais sa respiration qui me glaçait la nuque. Quel acte s'imposait-il ? On emmena la mariée vers sa chambre. Avais-je accompli mon devoir ? Tout le monde ou presque avait l'air satisfait. Mes oncles et tantes, les vieillards du village étaient heureux.

Je retournai auprès des amis de mon père et leur annonçai :

« J'irai chez Magrita. »

CHAPITRE 15

Ma Canebière

On peut ravaler ses larmes, mais jamais ses idées. J'ai quitté le Pays des Crevettes pour Marseille. Aujourd'hui, des majorettes se tortillent le derrière le long de la corniche. C'est la fête du bleu, la fête à la mer.

En descendant la Canebière, je me suis dit que finalement j'étais ici. Le relief chahuté de Marseille me change de Douala. Mais je me suis établi, comme Karl Kiribanga Ébodé, au bord de la mer. Le soleil tape fort. La porte d'Aix est lumineuse et fière. La gare Saint-Charles charrie toujours son lot de voyageurs, dont certains sont un peu perdus, un peu surpris que Marseille et ses voyous ne les aient pas encore pris à la gorge. On a envie d'éclater de rire en les voyant si pincés, si hagards, dans une ville qui leur paraît être un enfer. Ils ont l'air surpris de ne pas rencontrer des hommes au complet-veston gris avec des chapeaux melons sur la tête ! Marseille, ça n'est pas que Borsalino ! S'ils n'aiment pas Marseille, qu'ils aillent à Aix ! C'est à une demi-heure de la gare Saint-Charles !

« Taxi ! »

J'ai circulé çà et là entre les immeubles ; les odeurs de poisson et les ondes de lumière dansant dans l'air m'ont rappelé Douala. Je me suis remis en mémoire le conseil de la prêtresse qu'astiquait Syracuse sur les hauteurs paisibles de Bafoussam. Mon parrain comparait leurs étreintes au galop en liberté d'un cheval. Il remettait en selle la chasseresse en la comblant et de foutre et d'encouragements.

« Faut répondre à la fièvre par la fièvre », avait énoncé ce diable de Syracuse.

Et les ruades, et les retournements, et les tourniquets du bassin réactivé de la prêtresse cadençaient leur rentre-dedans. Avant mon départ pour l'Europe, le bon Syracuse m'avait reparlé de sa Katrina. Elle en savait des choses sur la vie ! Elle m'avait dit :

« Va. Écris à Sitoé. Mais reviens prendre part à la cohue ou à la clarté. »

Elle m'apprit qu'il n'y a pas de soleil de minuit sans éclat d'or et m'enseigna aussi ceci :

« On amasse joies et trésors qui ne sont mesurables que par soi-même. L'essentiel est d'agir en vérité. Une œuvre de la nature qui s'étiole est une insulte à l'immuable beauté des êtres et des choses. »

J'ai aimé la sagesse de Katrina. Je lui suis redevable de cette confession.

Sitoé, toi qui es conscience, te voici postée en veilleuse sur les fragiles rebords de l'aube ! Les sangsues qui pompent la vitalité de l'homme en appellent à la culbute des morpions. Il y a comme une méthodique entreprise de ruine en marche ! Et l'armée des sangsues boit le sang des hommes tandis que se déploient les pelleteuses pour creuser la terre et y enfouir les âmes rebelles. Se redresser, c'est renverser toutes les sangsues !...

Sitoé, il me faut encore dire ceci : avant de quitter le Pays des Crevettes, j'ai, certes, planté un flamboyant à Mitouba, mais j'ai aussi déposé un bouquet de marguerites sur la tombe du roi Manga Bell à Douala, la ville rebelle qui a payé d'un lourd tribut sa revendication d'indépendance.

On ne s'est jamais penché sur cette détestable guerre et sur la puissance coloniale qui tenta, avec des moyens disproportionnés, d'empêcher un peuple de conduire son destin par lui-même. Un demi-million de morts, c'est pas rien ! J'ai retenu, des conversations avec les amis de mon père, que la langueur rend fou. Syracuse, qui bougeait tout le temps, avait pris le parti du mouvement, comme mon père, du reste. J'ai compris que l'ensevelissement de la mémoire est un naufrage supplémentaire. C'est ce diable d'Ichar qui me l'a finalement fait admettre. Il m'a montré qu'une génération, même extraordinaire, n'est jamais complètement admirable.

Je me suis intéressé à la fabrique du destin collectif au Pays des Crevettes, et j'ai cru saisir, à travers le flegme de Bakio, que l'ordre est affaire de pédagogie et de doigté. Quant à Kamga, il m'a convaincu d'une chose : il est toujours urgent de s'émanciper.

Maintenant, je me dis que le Pays des Crevettes, ce coin de terre du golfe de Guinée, tarde à se libérer du bricolage. Il se traîne dans l'impuissance et le refus d'opérer la réconciliation entre les vrais combattants de la guerre d'indépendance et les opportunistes au pouvoir. Il tarde à raconter toute son histoire aux enfants des uns et des autres, tous accusés de mollitude généralisée. Seuls les Lions indomptables, en football, échappent à la critique quand ils se donnent la peine d'imposer leur cadence et leurs rugissements. Ils fichent alors une de ces trouilles à la planète foot ! Avec leurs épaules luisantes qui plaisent tant aux dames, ils adorent rouler sur le ventre de leurs adversaires. Gagner est une chose, il faut triompher d'un adversaire et le rendre cependant heureux d'avoir perdu contre de si élégants athlètes. C'est à cela qu'ils doivent maintenant s'atteler. Ils en ont toutes les aptitudes et le génie…

Sitoé, Marseille m'enchante…

Cependant, devant les couleurs de la mer et ses miroitements, la rage de secouer le monde m'empoigne. Les envies de vie montent et grondent. Une autre question, plus confuse encore, me revient : « Que raconterais-je à mon père, Karl Ébodé, si, au-delà de ce monde, nous nous revoyions ? »

Qu'il eut tort de ne pas assez respecter la femme ? Non, je ne lui reproche pas d'avoir cherché la flamme auprès d'elle. Mais de n'avoir pas entendu ce qu'elle avait à dire. Aussi passa-t-il à côté des idées que développait ma mère. Elle qui me disait encore : « *Kin enë gui ai bitul* », autrement dit : « La force du cou vient des épaules. » Il eut certes des amis, mais il s'éteignit en solitaire.

Avant de mourir, il avait eu ces mots pour qualifier nos gouvernants :

« Ils n'ont qu'une vision unitaire de la politique ; elle pétille au début, puis les pétillements s'estompent et les buveurs s'affaissent ! Ils se cabrent alors et deviennent irascibles et méconnaissables. »

C'est bien ce que pensait Mongo Beti qui a tiré sa révérence il y a peu de temps. A-t-il rejoint son ennemi le Président Ahidjo ? Parlent-ils de la terre des hommes ou se moquent-ils de leurs terriennes querelles ? Faut dire qu'Ahidjo est mort il y a longtemps, mais il est enterré au Sénégal où il est maintenu dans un exil post mortem. Lui, Ahidjo, premier Président des Crevettes, fondateur de la vision politique vin-de-palme, doit être affligé de voir ses créatures ou ses successeurs tâtonner en permanence. « Qui va à tâtons, va au bâton », crie l'homme de la rue à Douala et à Ngomedjap, mais cela n'a l'air d'émouvoir personne. Un soupçon de démocratisation sous ordonnance n'est pas l'hirondelle qui annonce le printemps démocratique. Quand rentrera donc le corps d'Ahidjo pour que le peuple, enterrant dignement ses morts et ses fantômes, s'écarte de la rapine et libère la mémoire du Pays des Crevettes ? Ce n'est qu'à ce moment-là que la claire vision des enjeux prendra forme et que disparaîtra la posture névrotique actuelle. Qu'en pense Thierry Fougères ? Je lui poserai la question dans un instant. À mon avis, Karl Ébodé eut tort de se retirer des affaires de la cité...

Marseille est lumière. La brume qui recouvrait la ville hier a disparu, on aurait dit le geste brusque d'une mariée enlevant sa robe de cérémonie...

Les noces sont des joutes ; la nuit éclaire les portemanteaux ! J'aime l'odeur de la Canebière... et c'est ici que j'entends vivre.

Aujourd'hui, j'ai rendez-vous avec Thierry Fougères sur le promontoire qui domine Endoume, et qui vous envoie en pleine figure ses nuances de bleu et de vert moutarde. En contrebas, il y a la baie qui bruit de toutes les sonorités de la ville et de la mer. Les goélands lanceront dans l'air leurs cris, comme pour dire aux promeneurs de se dépêcher de jouir du spectacle des vagues et du va-et-vient des bateaux. Il y a aussi, alentour, les crissements des pneus, l'odeur de la gomme qui chauffe. La corniche braille. Il y a la colline et, tout autour, des habitations et des villas : Clémence, Farniente, Akiba !...

De loin, elles ressemblent à des champignons multicolores. Cette vision apaise lorsqu'on remonte la rue du Docteur-Giraud. Thierry habite à deux pas. Un chemin étroit se contorsionne entre les figuiers, les pins et les saules. Lui et moi, nous dévalerons la colline en faisant rouler quelques pierres du bout de nos chaussures. Elles nous devanceront sur la terrasse d'Endoume. Le sort de ces cailloux me paraît parfois enviable, même si un vieil adage a réduit à néant leur rêve de liberté : « Pierre qui roule n'amasse pas mousse. »

Au diable, l'avarice ! J'aime la cadence de ces pierres. J'aime les ramasser, les faire danser dans ma main. Leur musique est belle. Et leurs sons résonnent comme des notes de mémoire. Elles sont utiles au souvenir, celui des jeux d'enfants, là-bas sur les plages de Douala. Elles ne permettent pas de congédier le passé, mais de rêver encore à demain.

Thierry a préparé son bateau. Le vent est nul ; la mer est calme. Tout à l'heure, je glisserai donc de nouveau ma main derrière les billes d'eau éclatant dans le sillage du bateau lancé plein pot sur l'autoroute marine. Le ciel est bleu, le soleil tape dur sur la Corse et, là-bas, sur la Sardaigne. Cette dernière nous dévoilera aussi ses criques, son eau claire et ses rochers. Ma main se placera sous les vagues et caressera leurs rondeurs posées sur la mer comme des fesses bombées. J'aime ce contact. Et il m'arrive de penser que je tends une main à la mer et qu'elle me tend la sienne, dans le roulement des flots et des consentements mutuels.

L'autre jour, j'ai posé une question à Thierry Fougères :

« Qu'est devenu Vasco, l'ancien Gouverneur des Crevettes ?

— Il a publié ses mémoires, il y a quelques années de cela. La recension n'a heureusement pas eu un fort écho dans l'opinion, bien qu'un quotidien ait cru utile de titrer : "L'Afrique est incivilisable. Propos d'un Gouverneur lucide." »

Je m'étais exclamé :

« Il n'avait donc pas digéré…

— C'est le cas de le dire ! Il n'avait pas digéré les crottes de nez des primitifs, reprit Thierry. Il affirmait aussi, dans ce livre aujourd'hui introuvable, que l'Afrique choisira toujours la barbarie contre l'humanité. Elle n'est pas à plaindre, selon lui, mais plutôt à abandonner à son sort car elle dévorera toujours ses enfants et… ses amis. "L'Occident, disait-il, ne doit se préoccuper que de commerce dans son rapport à l'Afrique. Sans états d'âme. Des esclaves aux trains de bois, du pétrole aux minerais, des tirailleurs aux ouvriers, du trafic d'organes humains aux vaccins contre les pandémies, voilà tout ce qu'il y a à entreprendre avec l'Afrique. Le reste est du chewing-gum."

— A-t-il parlé des représailles de mon père dans la crique de Victoria ?

— Pas un mot ! Eugène, raconte-moi à présent comment s'est passé le règlement de la dot de ta mère ?

— Très bien, tu sais. Je suis quitte avec le Patrouillard et j'ai déjoué les pièges tendus par la belle-famille. En réalité, la bande à papa m'a presque volé la vedette.

— Et la nuit de noces ? Je suis curieux de connaître comment tu t'en es sorti. Qu'as-tu fait du fameux fruit que les mariés doivent manger ensemble ?

— Il avait été déposé dans ma chambre. Oui, faut que je te raconte tout. Ce soir-là, ma décision de rejoindre ma mère avait été approuvée par les amis de mon père. Seul Ichar était venu me voir après leur départ. Une lueur étrange dansait dans ses yeux imbibés d'alcool et de chanvre. Il m'a dit : “C'est pour te rendre service, Eugène, que je te parle. Cette nuit, j'irai à ta place dans la chambre de ta mère, lui porter le fruit… Je veux le faire par devoir…” Je n'ai pas réfléchi. J'ai abattu mon poing dans la figure d'Ichar.

« Il s'est étalé de tout son long. La nuit était vraiment noire. Tout le monde dormait. Les tam-tams s'étaient tus. Tout était redevenu calme. En abandonnant Ichar, je suis reparti vers le flamboyant que j'avais planté. J'ai alors pris la direction de la case de ma mère. Elle m'attendait et des larmes de bonheur inondaient ses yeux. Elle m'a dit :

« “Tu as recousu le pagne du village qui était en lambeaux. Maintenant, va chercher le corossol ! Il nous désaltérera…” »

POSTFACE

Vingt ans après

En relisant *La transmission* vingt ans après sa publication, me reviennent deux échos suscités par ce livre : celui des lecteurs qui m'inondèrent de lettres de condoléances, et auxquels je répondis avec le ton attristé et plein de gratitude qui sied à la circonstance ; puis celui, furieux, de mes frères et sœurs ahuris à l'idée que je fasse paraître un roman dans lequel je racontais la mort de mon père alors que celui-ci était vivant, bien portant et n'avait recueilli aucun avis de la Faculté qui eût mis en alerte sa santé. Je reçus stoïquement leurs reproches, me bornant à dire qu'il s'agissait bien d'un roman, et j'attendis la suite.

Mon père voulut découvrir ce livre dont les médias parlaient bruyamment, comme cet article de Jean-Claude Perrier au titre fracassant et qui parut dans *Livres Hebdo* : « Scandale dans la famille ». Le journaliste y précisait le contexte, faisait monter l'adrénaline autour d'ébats osés, exposait la mission dévolue à un adolescent orphelin, relevait les nombreux enjeux du sujet abordé et concluait : « Eugène Ébodé écrit vif, drôle, poétique aussi. Il s'inscrit dans le renouveau de la littérature africaine auquel nous assistons actuellement, et qui offre un souffle salutaire au roman français. » Mon père lut donc le roman et sa réaction me parvint : la même fratrie, qui m'avait admonesté, rivalisa d'appels pour m'annoncer cette fois « En lisant *La transmission*, papa était mort de rire ! ». Il ne s'en tint pas à cette hilarité : il me réclama plusieurs exemplaires qu'il distribua à ses connaissances et, lorsque je fis le voyage quelques mois plus tard au Cameroun, il m'accueillit avec transport, me complimenta pour mon imagination et, à ma grande surprise, voulut « clarifier quelques points imparfaitement renseignés ».

Ce sont ces quelques points que la présente édition améliore et complète, notamment le jugement que mon père portait sur la politique en général et sur le premier président de la République du Cameroun en particulier, M. Ahmadou Ahidjo : « Un grand patriote et un éminent homme d'État », me confia-t-il à son propos. Comme je l'écoutais et le regardais avec des yeux qui imploraient une suite, elle vint : « Si j'ai quitté la politique, mais aussi les fonctions de trésorier de la ligue de football du Wouri, ce n'est pas à cause des considérations que tu as formulées. Mes démissions arrangeaient les opportunistes ! J'ai agi de la sorte poussé par une seule conviction : le monde politique ne s'élève que rarement, peut-être dans des circonstances exceptionnelles. La plupart du temps, il n'est qu'un théâtre où on écrase pour ne pas être écrasé. Ce n'est pas là une noble ambition, c'est la course aux intérêts particuliers. Or, la construction d'une nation prospère ne peut être l'affaire de quelques individus, auxquels les partis se sont accommodés de vouer un culte au lieu de consolider des institutions fortes. La volonté du peuple était escamotée, notre génie jeté dans la poussière. À mes anciens camarades du maquis, j'ai eu le tort de citer, pour les mettre en garde, une formule célèbre que tout homme public d'envergure doit méditer et reméditer : “Nul ne peut se prévaloir de ses propres turpitudes.” La turpitude, voilà l'enfer des gouvernants et de leurs oppositions politiques ! » Mon père avait bien aidé le mouvement insurrectionnel à Douala, mais c'est en démocrate qu'il voulait agir et non s'inscrire dans le radicalisme romantique de ses amis insurgés. L'impasse actuelle du Cameroun, il la voyait déjà ; et il poursuivit : « Les démocrates n'ont jamais vraiment existé comme force, et les radicaux ont trop plongé dans la puissance de la nostalgie et la culture de la véhémence pour construire une alternative crédible. Entre les deux, j'ai compris que la route semblait toute tracée pour le marais des opportunistes et le cycle des impuissances. Les opportunistes n'aiment qu'eux-mêmes ! ».

L'autre réaction qui m'est restée est celle des lecteurs. Ils rivalisèrent d'imagination dans leurs courriers où s'étiraient leurs condoléances attristées. Ils avaient pris mon roman pour un récit, une confession. Que devais-je faire sous la lueur éplorée de leurs lettres ? Le mort ? ou l'orphelin saisi de gratitude devant tant de compassion ? Je les remerciai avec toute la sincérité qui se puisse mobiliser, tant pour la forme que pour le fond des attentions prodiguées et, je dois dire, touchantes. Qu'est-ce qui motiva mes réponses ? L'ironie ? L'autodérision chère à la tribu des Betis dont je suis originaire ? Rien de tout cela ! Je ne fus guidé que par la manière dont mon éditeur, Jean-Noël Schifano, avait accueilli ce roman : « déployant comme personne, disait-il, le baroque existentiel que je tiens pour l'unique voie royale de la fiction ! » Mon éditeur exultait, exaltait le texte dans toutes les tribunes écrites ou audiovisuelles où il s'exprimait.

Cette nouvelle édition témoigne de son opiniâtreté. Il me revient qu'il s'était rendu au Cameroun pour présenter mon hymne baroque aux médias et aux autorités publiques. Il fut reçu par le ministre de la Culture de l'époque, l'écrivain Ferdinand Oyono, auteur de l'inénarrable et classique *Le vieux nègre et la médaille*. Le ministre prolongea leurs échanges autour de *La transmission*, au point que quand l'aide de camp du président de la République vint l'avertir que le chef de l'État l'attendait dans l'hélicoptère présidentiel, il le chargea de répondre qu'il tenait à achever une discussion animée avec un important éditeur parisien. Il me revient aussi que mon éditeur ne voulut pas rencontrer mon père quand je l'y invitai. Il répondit le plus sérieusement du monde : « Mais, c'est impossible, il est mort ! » Il le prononça sur ce ton définitif, le même que celui avec lequel il saluait la double audace qu'il avait lue dans mon écrit : formelle et générationnelle.

La transmission convoquait aussi, en arrière-plan de la figure paternelle, une héroïne du Sénégal et des luttes africaines pour l'émancipation du continent : Aline Sitoé Diatta. Elle se serait éteinte après avoir été emprisonnée puis déportée quelque part au Mali pour insubordination devant l'occupant français durant la collaboration du régime de Vichy. L'insubordination est le motif que j'ai retenu et qui se manifeste dans la scène, fictive, où Karl Ébodé et son commando font subir une humiliation à un gouverneur français au Pays des Crevettes dans les années cinquante pour venger un compatriote outragé par la puissance occupante. La scène avait amusé mon père. Il en avait encore les yeux qui larmoyaient de plaisir lorsque je me rendis à Douala en 2003. Il me lança à ce sujet un mot sibyllin en s'essuyant les yeux : « Finalement, l'imagination des écrivains n'est pas un vilain défaut ! »

L'académicien et ancien Premier ministre gaulliste Pierre Messmer, qui avait administré le Cameroun et connu la période que je relatais et ses tragédies, m'adressa un mot de félicitations, lui aussi bref, riche de souvenirs dissimulés sous les origines ibériques du nom du Cameroun : « Je me souviens du pays des *camarones* ! » Voilà pour ce qui touche aux aspects politiques de ce roman.

Une autre donnée, et non la moindre, à la fois familiale et sociale, me conduisit à placer l'axe central du roman dans la réparation de l'affront fait à Magrita, la mère du narrateur. Il faut comprendre que lorsque Karl Ébodé renonce à sacrifier au rituel de la dot, il rompt et annule une étape traditionnelle qui consacre un mariage et vaut l'adoubement de la tribu. C'est en pensant aux vexations éprouvées par les femmes, blessées et méprisées quand leur époux refuse de payer la dot, que j'ai écrit *La transmission*. Le patronyme de mon père, Charles Ondobo Ébodé, est légèrement modifié, tandis que celui de ma mère – Vilarienne – subit ici une transformation et éloigne le roman du récit. L'intrigue n'était pas une ode à une tradition mercantile et avilissante pour la femme, comme des lecteurs ou une recension conservatrice ont pu le croire. Non, je m'étais certes inspiré des reproches que ma mère, pendant mon enfance, adressait à mon père qu'elle accusait de n'avoir pas offert la dot, et, par conséquent, « de n'avoir pas donné à manger aux mamans », c'est-à-dire aux femmes qui l'avaient élevée et nourrie dans son village. Magrita, l'épouse de Karl Ébodé, porte ainsi le cri des femmes mariées *a minima*, que la cérémonie de la dot n'a pas reconnues et honorées. La fonction éducative et nutritionnelle en Afrique appartient souvent à une cellule plus large que celle qui relève de la stricte famille biologique.

Il m'importait de rendre visibles, dans le contexte de la décolonisation, les turbulences qui agitaient une société, de montrer les destins collectifs en mutation, de décrire des trajectoires individuelles contrariées ou contrariantes, de restituer l'itinéraire d'un père convaincu que l'histoire est une référence collective. Dans mon rêve d'écrivain, *La transmission* était un commencement, un avant-texte dans l'univers des textes, dont le projet amalgamait l'autofiction, la géographie, l'Histoire, les parcours individuels pris dans un moment particulier : les indépendances africaines. Ce premier roman dans la collection « Continents Noirs » avait valeur initiatique et vertu civique. Il me permettait de sonder mes origines, de parler de la famille et de l'État national, sans oublier l'état du monde. J'ai donc commencé mes déambulations littéraires au plus près de mon jardin avant d'ouvrir les yeux sur l'ailleurs, sur les joies qui nous illuminent et sur les catastrophes qui nous interrogent, sur les bruits et fureurs du monde, sur les génocides, sur les abandons de ceux qui croupissent dans les îles du désespoir.

Citoyen d'ici et du monde ? Incontestablement, car je suis convaincu de la pluralité en nous et méfiant vis-à-vis des assignations à résidence. Les générations n'héritent pas du passif de leurs pères. Ceci ne correspond qu'à une lecture juridique et non à une logique de civilisation solidaire. « Les générations héritent surtout de la passivité de celles qui les ont précédées », m'a encore confié mon père. *La transmission* est le livre des réparations, ajouta-t-il, en épilogue à notre vieille conversation qui eut lieu à Douala en juin 2003 autour de mon roman.

Je ne pourrai plus proposer à mon éditeur d'aller saluer mon père, puisqu'il nous a vraiment quittés le 13 octobre 2005, onze jours avant Rosa Parks, six mois après Jacques Rabemananjara – mon mentor malgache. Pour honorer la mémoire de Jacques et notre compagnonnage littéraire, je suis allé enseigner à Mayotte et en suis revenu avec *Le balcon de Dieu*. Lors de la dernière conversation téléphonique avec mon père, qui eut lieu quatre jours avant sa mort et dans laquelle il me fit ce que je pris pour ses adieux, il me rappela de m'adosser à l'éthique de responsabilité. La clé de voûte de toute action digne et admirable. Aussi suis-je persuadé que lorsque nous prendrons en charge l'épuration des passifs que l'Histoire nous a légués, nous grandirons et consoliderons par là même nos propres legs aux enfants, aux femmes et aux hommes de demain.

M'Zouda (Maroc)
7 août 2019

1. Ultime causerie 13
2. La figurine d'ébène 29
3. Le Patrouillard 49
4. Grincements de dents à Mitouba 63
5. Docta 83
6. Syracuse 105
7. Les mamies makala 121
8. Les passions de mon père 133
9. Les origines de la fantaisie 141
10. Aline Sitoé 149
11. Une vengeance 161
12. Kamga ne répond plus 171
13. Ironie 185
14. La cérémonie 193
15. Ma Canebière 211

Postface

Vingt ans après 221

DU MÊME AUTEUR

Aux Éditions Gallimard, collection « Continents Noirs »

LA TRANSMISSION, roman, 2002 (Folio n° 6734).

LA DIVINE COLÈRE, roman, 2004.

SILIKANI, roman, 2006 (prix Ève-Delacroix de l'Académie française).

MÉTISSE PALISSADE, roman, 2012.

LA ROSE DANS LE BUS JAUNE, roman, 2013 (Folio n° 6073).

SOUVERAINE MAGNIFIQUE, roman, 2014 (Grand Prix littéraire d'Afrique noire 2014 et prix Jeand'Heurs 2015).

LE BALCON DE DIEU, roman, 2019.

Aux Éditions Gallimard Jeunesse, collection « Scripto »

CAPITAINE MESSANGA, nouvelle, ouvrage collectif, 2004.

ANATA ET BASILOU, nouvelle, ouvrage collectif, 2005.

LE MATCH RETOUR, nouvelle, ouvrage collectif, 2006.

Aux Éditions Gallimard, NRF n° 602

LE REVENANT, nouvelle, 2012.

Aux Éditions Vents d'Ailleurs

LA DAME ÉTOILE, nouvelle, 2003.

LA PROFANATION, nouvelle, 2006.

LE FOUETTATEUR, poème roman, 2006.

IL ME SERA DIFFICILE DE VENIR TE VOIR, correspondances, 2008.

Aux Éditions Monde Global

GRAND-PÈRE BONI ET LES CONTES DE LA SAVANE, conte, 2006.

Aux Éditions Demopolis

TOUT SUR MON MAIRE, journal, 2008.

Aux Éditions Apic, Alger

MAHROUSSA L'AFRICAINE, nouvelle, ouvrage collectif, 2009.

MADAME L'AFRIQUE, roman, 2010 (prix Yambo-Ouologuem).

Aux Éditions Alter Ego

SARAH VAUGHAN : LADY SCAT, nouvelle, *Le tour du jazz en 80 écrivains*, ouvrage collectif, 2013.

Aux Éditions Fountain Publishers

CES MOTS QUI PANSENT LES PLAIES ET QUI APAISENT, préface, *Pour une culture de paix dans la région des grands lacs africains*, 2014.

COLLECTION FOLIO

Dernières parutions

6457. Philippe Sollers — *Mouvement*
6458. Karine Tuil — *L'insouciance*
6459. Simone de Beauvoir — *L'âge de discrétion*
6460. Charles Dickens — *À lire au crépuscule et autres histoires de fantômes*
6461. Antoine Bello — *Ada*
6462. Caterina Bonvicini — *Le pays que j'aime*
6463. Stefan Brijs — *Courrier des tranchées*
6464. Tracy Chevalier — *À l'orée du verger*
6465. Jean-Baptiste Del Amo — *Règne animal*
6466. Benoît Duteurtre — *Livre pour adultes*
6467. Claire Gallois — *Et si tu n'existais pas*
6468. Martha Gellhorn — *Mes saisons en enfer*
6469. Cédric Gras — *Anthracite*
6470. Rebecca Lighieri — *Les garçons de l'été*
6471. Marie NDiaye — *La Cheffe, roman d'une cuisinière*
6472. Jaroslav Hašek — *Les aventures du brave soldat Švejk*
6473. Morten A. Strøksnes — *L'art de pêcher un requin géant à bord d'un canot pneumatique*
6474. Aristote — *Est-ce tout naturellement qu'on devient heureux ?*
6475. Jonathan Swift — *Résolutions pour quand je vieillirai et autres pensées sur divers sujets*
6476. Yājñavalkya — *Âme et corps*
6477. Anonyme — *Livre de la Sagesse*
6478. Maurice Blanchot — *Mai 68, révolution par l'idée*
6479. Collectif — *Commémorer Mai 68 ?*

6480. Bruno Le Maire — *À nos enfants*
6481. Nathacha Appanah — *Tropique de la violence*
6482. Erri De Luca — *Le plus et le moins*
6483. Laurent Demoulin — *Robinson*
6484. Jean-Paul Didierlaurent — *Macadam*
6485. Witold Gombrowicz — *Kronos*
6486. Jonathan Coe — *Numéro 11*
6487. Ernest Hemingway — *Le vieil homme et la mer*
6488. Joseph Kessel — *Première Guerre mondiale*
6489. Gilles Leroy — *Dans les westerns*
6490. Arto Paasilinna — *Le dentier du maréchal, madame Volotinen et autres curiosités*
6491. Marie Sizun — *La gouvernante suédoise*
6492. Leïla Slimani — *Chanson douce*
6493. Jean-Jacques Rousseau — *Lettres sur la botanique*
6494. Giovanni Verga — *La Louve et autres récits de Sicile*
6495. Raymond Chandler — *Déniche la fille*
6496. Jack London — *Une femme de cran* et autres nouvelles
6497. Vassilis Alexakis — *La clarinette*
6498. Christian Bobin — *Noireclaire*
6499. Jessie Burton — *Les filles au lion*
6500. John Green — *La face cachée de Margo*
6501. Douglas Coupland — *Toutes les familles sont psychotiques*
6502. Elitza Gueorguieva — *Les cosmonautes ne font que passer*
6503. Susan Minot — *Trente filles*
6504. Pierre-Etienne Musson — *Un si joli mois d'août*
6505. Amos Oz — *Judas*
6506. Jean-François Roseau — *La chute d'Icare*
6507. Jean-Marie Rouart — *Une jeunesse perdue*
6508. Nina Yargekov — *Double nationalité*
6509. Fawzia Zouari — *Le corps de ma mère*
6510. Virginia Woolf — *Orlando*

6511. François Bégaudeau	*Molécules*
6512. Élisa Shua Dusapin	*Hiver à Sokcho*
6513. Hubert Haddad	*Corps désirable*
6514. Nathan Hill	*Les fantômes du vieux pays*
6515. Marcus Malte	*Le garçon*
6516. Yasmina Reza	*Babylone*
6517. Jón Kalman Stefánsson	*À la mesure de l'univers*
6518. Fabienne Thomas	*L'enfant roman*
6519. Aurélien Bellanger	*Le Grand Paris*
6520. Raphaël Haroche	*Retourner à la mer*
6521. Angela Huth	*La vie rêvée de Virginia Fly*
6522. Marco Magini	*Comme si j'étais seul*
6523. Akira Mizubayashi	*Un amour de Mille-Ans*
6524. Valérie Mréjen	*Troisième Personne*
6525. Pascal Quignard	*Les Larmes*
6526. Jean-Christophe Rufin	*Le tour du monde du roi Zibeline*
6527. Zeruya Shalev	*Douleur*
6528. Michel Déon	*Un citron de Limone* suivi d'*Oublie...*
6529. Pierre Raufast	*La baleine thébaïde*
6530. François Garde	*Petit éloge de l'outre-mer*
6531. Didier Pourquery	*Petit éloge du jazz*
6532. Patti Smith	*« Rien que des gamins ». Extraits de Just Kids*
6533. Anthony Trollope	*Le Directeur*
6534. Laura Alcoba	*La danse de l'araignée*
6535. Pierric Bailly	*L'homme des bois*
6536. Michel Canesi et Jamil Rahmani	*Alger sans Mozart*
6537. Philippe Djian	*Marlène*
6538. Nicolas Fargues et Iegor Gran	*Écrire à l'élastique*
6539. Stéphanie Kalfon	*Les parapluies d'Erik Satie*
6540. Vénus Khoury-Ghata	*L'adieu à la femme rouge*
6541. Philippe Labro	*Ma mère, cette inconnue*
6542. Hisham Matar	*La terre qui les sépare*
6543. Ludovic Roubaudi	*Camille et Merveille*
6544. Elena Ferrante	*L'amie prodigieuse (série tv)*

6545. Philippe Sollers	*Beauté*
6546. Barack Obama	*Discours choisis*
6547. René Descartes	*Correspondance avec Élisabeth de Bohême et Christine de Suède*
6548. Dante	*Je cherchais ma consolation sur la terre...*
6549. Olympe de Gouges	*Lettre au peuple et autres textes*
6550. Saint François de Sales	*De la modestie et autres entretiens spirituels*
6551. Tchouang-tseu	*Joie suprême et autres textes*
6552. Sawako Ariyoshi	*Les dames de Kimoto*
6553. Salim Bachi	*Dieu, Allah, moi et les autres*
6554. Italo Calvino	*La route de San Giovanni*
6555. Italo Calvino	*Leçons américaines*
6556. Denis Diderot	*Histoire de Mme de La Pommeraye* précédé de l'essai *Sur les femmes.*
6557. Amandine Dhée	*La femme brouillon*
6558. Pierre Jourde	*Winter is coming*
6559. Philippe Le Guillou	*Novembre*
6560. François Mitterrand	*Lettres à Anne. 1962-1995. Choix*
6561. Pénélope Bagieu	*Culottées Livre I – Partie 1. Des femmes qui ne font que ce qu'elles veulent*
6562. Pénélope Bagieu	*Culottées Livre I – Partie 2. Des femmes qui ne font que ce qu'elles veulent*
6563. Jean Giono	*Refus d'obéissance*
6564. Ivan Tourguéniev	*Les Eaux tranquilles*
6565. Victor Hugo	*William Shakespeare*
6566. Collectif	*Déclaration universelle des droits de l'homme*
6567. Collectif	*Bonne année ! 10 réveillons littéraires*
6568. Pierre Adrian	*Des âmes simples*

6569. Muriel Barbery	*La vie des elfes*
6570. Camille Laurens	*La petite danseuse de quatorze ans*
6571. Erri De Luca	*La nature exposée*
6572. Elena Ferrante	*L'enfant perdue. L'amie prodigieuse IV*
6573. René Frégni	*Les vivants au prix des morts*
6574. Karl Ove Knausgaard	*Aux confins du monde. Mon combat IV*
6575. Nina Leger	*Mise en pièces*
6576. Christophe Ono-dit-Biot	*Croire au merveilleux*
6577. Graham Swift	*Le dimanche des mères*
6578. Sophie Van der Linden	*De terre et de mer*
6579. Honoré de Balzac	*La Vendetta*
6580. Antoine Bello	*Manikin 100*
6581. Ian McEwan	*Mon roman pourpre aux pages parfumées* et autres nouvelles
6582. Irène Némirovsky	*Film parlé*
6583. Jean-Baptiste Andrea	*Ma reine*
6584. Mikhaïl Boulgakov	*Le Maître et Marguerite*
6585. Georges Bernanos	*Sous le soleil de Satan*
6586. Stefan Zweig	*Nouvelle du jeu d'échecs*
6587. Fédor Dostoïevski	*Le Joueur*
6588. Alexandre Pouchkine	*La Dame de pique*
6589. Edgar Allan Poe	*Le Joueur d'échecs de Maelzel*
6590. Jules Barbey d'Aurevilly	*Le Dessous de cartes d'une partie de whist*
6592. Antoine Bello	*L'homme qui s'envola*
6593. François-Henri Désérable	*Un certain M. Piekielny*
6594. Dario Franceschini	*Ailleurs*
6595. Pascal Quignard	*Dans ce jardin qu'on aimait*
6596. Meir Shalev	*Un fusil, une vache, un arbre et une femme*
6597. Sylvain Tesson	*Sur les chemins noirs*
6598. Frédéric Verger	*Les rêveuses*
6599. John Edgar Wideman	*Écrire pour sauver une vie. Le dossier Louis Till*
6600. John Edgar Wideman	*La trilogie de Homewood*